www.tredition.de

AF177546

Bernhardin Mercy

Ham Se mal 'n

HIMMEL

für mich

Ganz normale Gespräche mit Jenseitigen,
was sie sagen, was sie meinen, wie es ihnen geht.
„Kaum zu glauben!"

www.tredition.de

© 2017 Bernhardin Mercy

Verlag: tredition GmbH, Hamburg

ISBN
Paperback: 978-3-7439-4946-1
Hardcover: 978-3-7439-4947-8
e-Book: 978-3-7439-4948-5

Printed in Germany

Alle in diesem Buch vorkommenden Namen sind frei erfunden.

Eine Art Vorwort

Vor einigen Jahren fand ich auf meinem Anrufbeantworter eine anonyme Nachricht. Sie lautete:

„Ham Se mal 'n Himmel für mich?"

Was sollte ich dazu sagen? Und wem? Mit Ja oder Nein ist diese Frage nicht zu beantworten.

Nicht ich habe Himmel (oder Höllen) zu verteilen, nur die Person selber kann sich schenken, was siewünscht, und darauf hinarbeiten, es zu erhalten.

Auf jeden Fall bedanke ich mich unbekannterweise für den anonymen Anruf. Nun habe ich einen schönen Titel für mein Buch: „Ham Se mal 'n HIMMEL für mich?"

Inhalt

Paranormale Erfahrungen

Paranormal sind Erfahrungen, bei denen wir etwas „zu wissen bekommen", ohne dabei Gebrauch zu machen von den uns bekannten Sinnen. Diese Erfahrungen können sich äußern in Hellfühlen, Hellhören, Hellschmecken, Hellriechen, Hellsehen und Hellwissen. Die Phänomene stehen in Verbindung mit den verschiedenen Chakren, welche sozusagen unsere spirituellen Sinneswerkzeuge sind.

Es kann schon sehr verwirrend und beängstigend sein, wenn man Dinge sieht, fühlt, hört und riecht, die andere nicht fühlen, hören, riechen oder wissen.

Im normalen Gesundheitssystem wird den parapsychologischen Erscheinungen so gut wie keine Aufmerksamkeit geschenkt. Dabei hat jeder Mensch diese Erfahrungen, aber nicht jeder ist sich dessen bewusst. Bei vielen Menschen bleiben sie vorerst im Un- und Unterbewussten.

Für Menschen, die solche Erfahrungen öfter haben, kann das zu Problemen führen. Einerseits sind die Phänomene fremd für sie, andererseits können oder mögen sie oft nicht mit anderen darüber sprechen. Sie befürchten, dass dann gesagt wird, sie hätten zu viel Phantasie oder sie wollten nur Aufmerksamkeit auf sich ziehen.

Im schlimmsten Falle befürchten sie, als psychisch abnorm bezeichnet zu werden.

Hellsehen

Das Phänomen Hellsehen hat viele Aspekte. In der menschlichen Evolution treffen wir in den meisten Kulturen Menschen an, die hellsehen können. Sie nehmen deshalb einen besonderen Platz in der Gesellschaft ein. Manchmal werden sie verehrt und manchmal verfolgt oder beides. Einige bekannte Namen sind: Emanuel Swedenborg, Friederike Hauffe, die Seherin von Prevost, William Blake, Nostradamus, Jozef Rulof.

Im Laufe der Jahrhunderte ist die Zahl der hellsehenden Personen nicht gestiegen, wohl aber die Anzahl der Menschen, die sich nun offen als hellsehend bezeichnen, besonders in den letzten hundert Jahren.

Um die Jahrhundertwende begann die Wissenschaft, sich für paranormale Dinge zu interessieren. Objektive Untersuchungen gibt es nicht aus dieser Zeit, wissenschaftliche Beweise waren nicht möglich. Wohl ist etwas Hochinteressantes deutlich geworden: Man erkannte schnell, dass das psychische Klima bei einem Experiment ausschlaggebend ist für Erfolg oder Misserfolg.

Hellsehen ist in der öffentlichen Meinung sehr umstritten. Es gibt Menschen, die das ganze Phänomen leugnen, andere wieder richten ihr Leben danach ein. Das Schlimmste ist, wenn hellsichtige Menschen ihre Fähigkeiten missbrauchen oder sie ungefragt und ungebeten anwenden. Sicher gibt es viele Opfer solcher Praktiken.

Das bedeutet, dass beim Hellseher nicht nur die Fähigkeit vorhanden sein muss, sondern in hohem Maß auch ethisches Verantwortungsbewusstsein und Disziplin. Wenn Hellsehen in positiver Weise angewandt wird, dann ist es ganz einfach da und gehört zum täglichen Leben. Es kann fortwährend eingesetzt werden zum Guten für die Erde, ja, für das ganze Universum.

Wenn Gedankenlesen, Wahrträume, mentale Gespräche über Raum und Zeit hinweg zum Heilen eingesetzt werden, dann befinden wir uns bereits in einer „höheren Welt", in der die sichtbaren und unsichtbaren Wesen bewusst und freundlich miteinander kommunizieren. Dann hat der Übergang in eine bessere Welt stattgefunden.

Es gibt spontanes und gezieltes Hellsehen. Das spontane Hellsehen passiert einfach, ist möglich an jedem Ort und zu jeder Stunde. Ich habe mir einen geistigen Schutzfilter gegeben, indem ich sage: Übersinnliche Wahrnehmungen sind mir dann willkommen, wenn ich dadurch etwas Gutes erfahren oder veranlassen kann. Das beinhaltet, dass ich unter ihnen nicht leiden und durch sie nicht überflutet werden möchte.

Wenn ich spontan wahrnehme, so weiß ich, dass ich damit immer „etwas zu tun" habe. Ich habe eine persönliche Betroffenheit, eine Resonanz mit dem Geschauten. Immer ist darin ein Auftrag für mich enthalten, entweder mich für andere einzusetzen, mich um mich selbst zu kümmern oder mich ganz rauszuhalten und die höheren Wesen wirken zu lassen. Wenn ich geplant und gezielt wahrnehme, bitte ich die Engel um Schutz und Hilfe für uns alle. Schließlich, will ich in einem geistigen Willensakt nichts mehr selbst, dann nenne ich den Namen der betreffenden Person, das Problem oder die Frage. Ich schreibe nun alle Information auf, ohne sie zu bewerten, ohne sie zu hinterfragen oder zu interpretieren.

Hierbei handelt es sich nicht um automatisches Schreiben. Das wende ich nicht an; ich bin es selbst, die aufschreibt, was sie sieht. Ich stelle niemals meinen Körper einem anderen Wesen zur Verfügung, noch „gehe ich in den Körper von jemand anderen hinein". Ich bin kein Trancemedium, sondern bezeichne mich als Zwischenperson, als Vermittlerin.

Ich bin und bleibe in meinem eigenen Körper, während ich auf geistige Weise mit anderen kommuniziere. In dieser „Anamnese" schaue ich nun

- nach der Person,
- nach ihren Angehörigen,
- nach ungelösten Beziehungen,
- nach traumatischen Erfahrungen,
- nach der beruflichen Situation,
- welche Strömungen und Schwingungen sich am Arbeitsplatz befinden
- und was dort eventuell verändert werden kann (ebenso in der Wohnung).

Bei partnerschaftlichen Konflikten erforsche ich:

- Wie wirken die beiden energetisch aufeinander?

Wenn keine Partnerschaft besteht:

- Was steht dem entgegen, welche Erfahrungen, Meinungen, Blockaden stehen dem im Wege?

Bezüglich Gesundheit:

- Wie ist der Energiestrom?
- Gibt es verdunkelte Körpergebiete?
- Gibt es Problemzonen?

Bei Problemen mit Kindern:

- Wie geht es ihnen?
- Worunter leiden sie?
- Was können sie nicht sagen?
- Was kann verändert werden?

Alles Antik

oder was

Danach:

- Gibt es Ereignisse aus früheren Leben, die noch weiterwirken?
- Welche Ereignisse sind das?
- Was ist das Wiederholungsmuster dieses Menschen?
- Welche Geister sind um ihn herum. Sind sie erwünscht, sind sie hilfreich?
- Wie kann diese Person körperlich-materiell, seelisch-emotionell und geistig-spirituell gesünder werden?
- Welche Heilmittel sind angesagt und stehen zur Verfügung?

Was ist zu tun, wenn jemand – und das ist fast immer der Fall – mit „Teilen" seiner Seele in Situationen und damit in Gefühlen der Vergangenheit „festhängt"?

Es ist möglich, diese Szenen wieder zu erinnern, die gefühlsmäßige Ladung, die an diese Ereignisse gebunden ist, noch einmal zu erleben und damit möglichst zu löschen.

Wenn die schmerzhafte, dem Problem zugrunde liegende Erfahrung wiedergefunden, wiederbelebt, ausgedrückt und integriert wird, dann wird der Weg zur Heilung frei.

Voraussagen

Viele Menschen glauben, ein „richtiger" Hellseher könne, ja müsse in die Zukunft sehen können. Als ich zum ersten Mal merkte, dass es mir möglich ist, in die Leben, in die Gegenwart und Vergangenheit von anderen Menschen hineinzusehen, war ich ganz erschrocken und richtete gleich die dringende Bitte nach oben, doch nicht in die Zukunft sehen zu müssen, weder in die von anderen Menschen, noch in meine eigene.

Dieser Kontrakt gilt noch heute, und ich bin froh darüber. Wohl habe ich ab und zu Zukunftsträume. Diese akzeptiere ich dann als Vorbereitung auf ein Ereignis oder als Warnung vor einem eventuellen Ereignis. Ich glaube nicht, dass es eine einzige, unumstößliche Zukunft gibt, sondern Tausende von möglichen Zukünften, und dass es von uns selbst abhängt, an welcher Zukunft wir teilnehmen werden.

Ich glaube, dass alles veränderbar und beeinflussbar ist, wenn wir uns die Mühe machen, unser(e) Leben, Gegenwart und Vergangenheit zu erforschen, wenn wir das Unbewusste hochholen in das Bewusstsein. Entscheidungen werden im Unterbewusstsein getroffen. Das Unterbewusstsein hat die Macht. Wenn es erkannt, entschlüsselt und verstanden wird, dann erst können meines Erachtens Unter- und Oberbewusstsein zusammenarbeiten. Dann erst können sie eine heilvolle Allianz bilden. Dann erst können sie als Einheit operieren, und die Weichen werden gestellt für diejenige Zukunft, die gewünscht wird. Erst dann tritt der freie Wille in Kraft.

Wenn ein Hellseher eine zutreffende Aussage für die Zukunft gemacht hat, so erkläre ich dies folgendermaßen: In einem Zeitsprung voraus hat er Bilder gesehen, ist danach zurückgekehrt in die Vergangenheit (die in diesem Moment die Gegenwart ist), und hat hier seine Aussage gemacht.

Ich denke, dass die Vorhersage dann stimmt, wenn niemand daran arbeitet, sie zu ändern. Bei jeder unheilvollen Zukunftsaussage können, sollen wir sofort alle Hebel in Bewegung setzen, um dieses Zukunftsbild in ein positives umzuwandeln. Also anstatt gebannt auf den Tag X zu starren, die Schreckensvision verändern durch Aufhellen, Auflösen und Heilen.

Da wir aber fast alle in karmischen Beziehungen und Bezügen leben, glaube ich sehr wohl, dass wir eben doch bestimmte Ereignisse und Erlebnisse auf unserer Lebensreise haben werden, ob nun Krankheit, Verlust, Arbeitslosigkeit, Scheidung, Obdachlosigkeit oder etwas anderes.

Ich glaube, dass wir für uns bestimmte Ereignisse – wie auf einer Zugreise die verschiedenen Stationen – passieren (müssen). Aber wie wir uns dabei fühlen und dabei verhalten, hängt von uns ab. Nur so ist zu erklären, dass bei Schicksalsschlägen in vergleichbaren Situationen der eine erst mal oder noch einmal daran zerbricht – ein anderer dagegen mehr oder weniger heil oder sogar gestärkt daraus hervorgeht.

Viele Menschen sind im Laufe der Jahre zu mir gekommen, denen etwas vorausgesagt worden war und die nun voll Angst darauf zulebten. Einer jungen Frau war vorausgesagt worden, dass ihr Mann und ihr Sohn bei einem Verkehrsunglück ums Leben kommen würden. Ihre Panik durfte sie bei mir ausdrücken und zurücklassen. Ihre Arbeit war es nun, jeden angstvollen Gedanken umzuwandeln in: „Wir sind und bleiben eine glückliche Familie."

Wenn eine Affirmation wirken soll, muss vorher immer die Gelegenheit gegeben werden, Sorge, Schmerz, Wut, was auch immer, also die ganz emotionale Ladung auszudrücken und zu löschen,

Eine Befürchtung und Erwartung im Unterbewusstsein hat mehr Kraft als ein positiver Spruch im Oberbewusstsein. Deshalb: zuerst die Seele befreien, dann dem Geist eine gute Botschaft geben.

Es gab verschiedene Menschen, die mich fragten, ob es denn stimme, dass sie im Jahre X einen Verlust erleiden würden. Und worin der denn nun bestünde. Ob sich das beziehe auf Haus, Beruf, Beziehung oder Gesundheit. Bei Nachfragen kam heraus, dass ein Astrologe dies aus ihrem Horoskop gelesen hatte.

Es gibt Menschen, die beim Wahrsager, der Kartenlegerin oder Handleserin waren und nun ein ganz bestimmtes Ereignis erwarten. zum Beispiel wurde einer meiner Klientinnen gesagt, sie würde noch in diesem Jahr ihre große Liebe kennenlernen. Sie könne „ihn" erkennen an seiner Uniform. Andere warten auf einen Lottogewinn, eine Amerikareise, Zwillinge, einen Hausbrand, den Bankrott, einen Kometeneinschlag, Ufos und vieles andere mehr.

Es ist sicher gut, auf vieles vorbereitet zu sein – es ist sicher nicht gut, darauf zu warten.

Entwicklungsschritte auf dem Weg zum Heil

Wir gehen davon aus, dass alles, was jemals geschehen ist, im Universum anwesend ist. Aber nicht nur Ereignisse und Tatsachen sind gespeichert, sondern auch alle Gedanken, die jemals gedacht worden sind, alle Träume, Wünsche und Phantasien. Auch diese sind Taten, haben Frequenzen, Form und Farbe. Nichts geht verloren, alles ist anwesend im kosmischen oder Weltenbewusstsein.

Alles, was dort disharmonische, also unglückliche Frequenzen hat, will (natürlich) erlöst werden. Dies ist das Gesetz der Evolution. Alle sind und alles ist auf dem Wege zurück ins Heil.

In diesem Kontext ist Gott ein guter Gott. Gott „beinhaltet" freien Willen. Jedes Wesen hatte und hat also die Wahl, sich zu vereinen oder zu entzweien. Wenn wir die absolute Trennung von Gott benamen, so nennen wir sie Teufel, Satan und Ahriman. Auch sie sind durch Gott und in Gott (enthalten). Ich nenne sie deshalb einfach die andere Seite von Gott. Oberflächlich betrachtet sind sie die Gegenspieler Gottes, tiefer gesehen die Entsprechung, der andere Pol, die andere Seite. Aber … da gibt es noch den freien Willen des Menschen.

Hätte Gott keinen freien Willen eingegeben, würde der Mensch schreien: „Du bist ein Diktator. Du zwingst uns zu ewiger Harmonie!" (Aber dann könnte er das nicht einmal denken). Nun schreit er: „Mein Gott, was hast du uns angetan?"

Der Mensch muss sich so viel verloren gegangenen Geist zurückerobern, bis er seinen eigenen freien Willen wiederhat. Dann ist er nicht mehr gebunden an diese irdische Existenz.

In diesem gewaltigen Entwicklungsprozess hat jeder und jedes seine Berechtigung, seinen Sinn und ist durch niemanden und nichts zu ersetzen. Alles ist einmalig und einzigartig. Je bewusster wir werden, um so deutlicher können wir unseren eigenen Standpunkt angeben. Letztlich bestimmen wir selbst, welche Position wir einnehmen (wollen).

Alle dramatischen Ereignisse seit Beginn der Welten sind im kosmischen Bewusstsein anwesend und warten darauf, wiedergefunden, begriffen und aufgelöst zu werden. Gerade in dieser „Zeit", die wir als Gegenwart wahrnehmen und bezeichnen, beginnen mehr und mehr Menschen, sich um die unerlösten Teile in sich selber und in anderen zu kümmern.

Das heißt, sie fühlen den Kummer einzelner Individuen mit und/oder gleichzeitig das Unerlöste im Weltengeschehen. Ein gigantisches Netzwerk von Helfern, Heilern, Meditierenden ist tätig, um mitzuwirken am Heilungsplan. Das geschieht immer und überall, Tag und Nacht, im Über- und Unterbewusstsein. Jede(r) kann dort ihre/seine spezielle, individuelle Erfahrung und Fertigkeit einbringen. Jeder hat seine einzigartige Aufgabe und Bedeutung, ob als Helfender oder Hilfeempfangender.

Selbsterforschung und Aufräumen

Die Selbsterforschung verlangt, dass wir stehen bleiben und innehalten. Sie und das anschließende Aufräumen können Jahre, Jahrhunderte, aber auch viele Jahrtausende in Anspruch nehmen.

Wir haben Ordnung zu schaffen auf materieller, seelischer und geistiger Ebene. Alles, was sich in einer Wohnung befindet, hat Ausstrahlung. Diese Schwingungen wirken pausenlos, Tag und Nacht auf die Bewohner ein. Emotionen können in Möbeln, Wänden und Gardinen sitzen. Dinge, die vor langer Zeit geschehen sind, können in ihnen weiterwirken, wenn ihre Ladung nicht gelöscht ist. Achten Sie also auf alles, was Ihnen Missstimmung verursacht.

Spannungsgeladene Gegenstände können Sie in und mit Liebe reinigen, indem Sie die früheren Konflikte daraus lösen und dem Licht übergeben. Wenn das nicht gelingt, können Sie sich ganz einfach von ihnen trennen.

Real und mental können Sie Gegenstände waschen und reinigen. Ihre Wohnung soll ein Raum der Harmonie sein, in dem Sie zu Hause sind. Vergessen Sie nicht Ihren Schreibtisch, Ihre Bilder, Fotos, Korrespondenz. Setzen Sie sich damit auseinander, erforschen, ergründen, durchforsten Sie alles, was Sie umgibt. Überflüssige Dinge können Sie behalten, aber die, an welche unangenehme Erinnerungen und Gefühle gebunden sind, nehmen Sie unter die Lupe.

Lösen Sie die Konflikte, die darin festsitzen. Begleichen Sie „alte Rechnungen", bezahlen Sie Ihre Schulden real und ideell. Nach getaner Arbeit sollte es keine „Problemträger" mehr in Ihrer Wohnung geben.

Schaffen Sie Ordnung auf seelischer Ebene. Fragen Sie sich: Mit wem habe ich ungelöste Beziehungen? Wem bin ich gram? Wer ist mir gram? Will ich daran etwas ändern oder will ich das nicht? Falls ich daran etwas ändern will, wie könnte ich das tun – durch einen Brief, eine Karte, ein Gespräch vielleicht?

Wenn in der Realität im jetzigen Moment keine Annäherung möglich ist, so können Sie daran mental arbeiten. Sie können der betreffenden Person – auch posthum – Friedensbereitschaft und Licht schicken. Damit lösen Sie für sich die Klammer, welche Sie an die Person und an alte Situationen gebunden hat und werden frei für die Zukunft.

Sie sind dabei nicht (mehr) abhängig von der anderen Person. Es spielt keine Rolle, an welchem Punkt ihres Einsichtsweges sie sich befindet. Vielleicht war sie schon früher als Sie zur Einsicht gekommen. Vielleicht kommt sie erst später dorthin. Es geht hier nicht um Gleichzeitigkeit. Es geht darum, dass Sie von nun an so unbeschwert wie möglich Ihren Weg gehen. Zur Selbsterforschung und zum Aufräumen auf geistiger Ebene gehört auch, dass Sie beginnen, sich vorbehaltlos zu lieben.

Dieses Zeitalter scheint eines der Kritik, des Wettbewerbs und der Schadenfreude geworden zu sein. Abgewertet wird immer in der irrealen Hoffnung, sich selbst dadurch aufzuwerten, also besser zu fühlen. Fernsehsendungen, Werbespots, Zeitungen profitieren davon.

Steigen Sie einfach aus, machen Sie das nicht mit. Wenn jemand Sie abwertet, weisen Sie das zurück! Wenn Sie merken, dass Sie jemanden abwerten, wandeln Sie Ihre Gedanken oder Worte um, wenn Sie können – in Verständnis, Achtung, Ermutigung. Aber nur, wenn Sie das können. Ansonsten sagen Sie besser nichts oder äußern sich neutral bzw. allgemein.

Selbstliebe ist Nächstenliebe und umgekehrt. Wenn Sie die Beziehung zu sich selbst heilen, heilen Sie auch die zu anderen Menschen, Wenn Sie eine Bilanz Ihres bisherigen Lebens ziehen, dann bedenken Sie bitte, was alles Schlimmeres hätte passieren können, was aber nicht passiert ist. Um wie vieles schlimmer, gemeiner, bösartiger hätten Sie sein können, sind es aber nicht gewesen. Also: Die nicht ausgeführten negativen Taten gehören zu den guten Taten, dazuaddiert auf die Plusseite!

Denken Sie gut über sich, reden Sie gut über sich, behandeln Sie sich gut. Ihren Körper, Ihre Seele und Ihren Geist. Geben Sie sich gute Nahrung in jeder Hinsicht. Erlauben Sie sich jeden Tag Momente der inneren Ruhe. Suchen Sie Schutz und Heimat in Ihrer eigenen Aura, indem Sie folgenden Lichtschutz anwenden und ausführen.

Sagen Sie zu sich: „Ich befinde mich in einer Kugel aus Gotteslicht. Die Oberfläche ist dicht und fest. Nur das Gute erreicht mich." Wenn Ihnen die Vorstellung nicht gelingt, dann sagen Sie sich: „Ich gehe davon aus, dass ich mich in einer Kugel aus Gotteslicht befinde." Setzen Sie das einfach voraus.

Diese Visualisierung beinhaltet, dass negative Einflüsse von außen, also Gedanken, Blicke, Meinungen, Worte anderer, die Ihnen nicht zuträglich sind, die Sie nicht aufbauen, fördern und stützen, abgleiten, abprallen, verschwinden, was auch immer, Sie auf jeden Fall nicht treffen.

Wenn Ihnen jemand „zu nahe tritt", auch körperlich, so lassen Sie diesen Lichtschutz zwischen sich und dem Gegenüber sein. Dies kann an Orten der Fall sein, an denen Sie nicht ausweichen können, etwa in überfüllten Bahnen oder sonstigen geschlossenen Räumen. Es kann sein, dass es genügt, den Lichtschutz morgens und abends aufzubauen und zu bestätigen.

Es kann aber auch sein, dass Sie es nötig haben, ihn mehrmals am Tage und in der Nacht herzustellen oder in Krisenzeiten pausenlos aufzubauen, bis Sie in dem ständigen Bewusstsein leben, dass er da ist. So haben Sie Ihr eigenes Lichthaus immer bei sich. Sie leben und arbeiten in einer Atmosphäre, die Sie selbst sind und die Sie selbst geschaffen haben. Sie sind in sich und bei sich.

Wenn Sie eigene aggressive Gedanken bemerken, verdrängen Sie diese nicht. Erlauben Sie sich, wütend und böse zu sein. Zu sagen, „ich bin so sauer, ich könnte ... ich würde am liebsten ...", schafft kein negatives Karma. Aber achten Sie darauf, dass diese Gedankenformen nicht zum Urheber Ihres Ärgers hingehen. Und wenn das schon passiert ist, dann fangen Sie diese schnell wieder ein und neutralisieren Sie sie.

Das Universum ist Wahrheit, es kennt nur Ja-Aussagen. Es ist nicht sinnvoll, zynisch zu sein, denn das Universum kann den Zynismus nicht decodieren. Was davon im Weltenraum übrig bleibt, ist eine hässliche Masse oder ein Gegenstand, der keinem nutzt und niemanden erfreut. Schlimmer noch: Witze auf Kosten anderer sind keine Witze, sondern verkappte Waffen.

Mit Humor ist das etwas ganz anderes. Er ist harmlos, erfreut und erhellt Menschen. Wenn wir seine Manifestationen im Weltenraum antreffen, werden wir heiter und beschwingt davon. Durch freundliche Beobachtung Ihrer Gedanken und Worte werden Sie mehr und mehr Herr/in über Ihre eigene Gedanken- und Gefühlswelt. Wie gesagt, Gedanken sind Formen, Farben, Töne. Durch die Gedankenkontrolle schaffen Sie neu geordnete innere Konstruktionen. Sie bauen sich nach und nach Ihre eigene Welt auf. Sie sind Schöpfer /in.

Machen Sie sich klar, dass Ihr Leben mehr ist als ein Zufall, mehr als eine glückliche oder unglückliche Beziehung. In jedem Moment können Sie Kontakt aufnehmen zu allem, was existiert. Richten Sie Ihre Aufmerksamkeit auf eine Sache. Halten Sie einen Augenblick inne, betrachten Sie etwas, fühlen Sie die Resonanz. Dann werden Sie niemals mehr einsam sein. Sie fühlen die Verbindung mit allem und mit allen.

Machen Sie sich klar, dass eine blühende Wiese andere Aufzeichnungen, andere Spuren in Ihrer Seele hinterlässt als eine Szene aus einem Horrorfilm. Werden (seien) Sie vorsichtig mit Ihrer Erlebniswelt! Wie sieht Ihr Inneres aus nach dem Zeitunglesen, nach einem Spaziergang oder nach dem Hören einer bestimmten CD? Liefern Sie sich weniger Außeneinflüssen aus. Und wenn Sie es tun, dann tun Sie es bewusst, dann „genießen" Sie diese!

Nehmen Sie sich Zeit. Wer langfristig überarbeitet und überlastet ist, verliert die Balance und den Spaß an der Freud. Ich habe bei den Wesen in den seligeren Sphären niemals Eile und Hast wahrgenommen. Eile und Hast sind im Gegenteil Merkmale der unseligeren Sphären. Wenn Aufgaben und Projekte an Sie herangetragen werden, dann prüfen Sie diese gut. Fragen Sie sich: „Ist das geeignet für mich? Passt das zu mir?" Fragen Sie **nicht**: „Bin ich gut (genug) für diese Arbeit?" Fragen Sie sich, ob diese Arbeit Ihrem Wesen entspricht, ob Sie sich selbst treu sind und bleiben, wenn Sie das tun.

Und noch etwas: Identifizieren Sie sich nicht mit anderen Menschen. Verehren Sie keine Person, sondern verehren Sie die Wahrheit und die übergeordneten Werte, die diese Person lebt und vertritt. Werten Sie keine Person ab, sondern im Zweifelsfall nur die Unwahrheit und Disharmonie.

Seien Sie vorsichtig bei Personen und Vereinigungen, die von sich behaupten, nur sie seien auserwählt und allein im Besitz der Wahrheit, die Gefolgschaft fordern und Sie von der Gemeinschaft mit anderen trennen wollen.

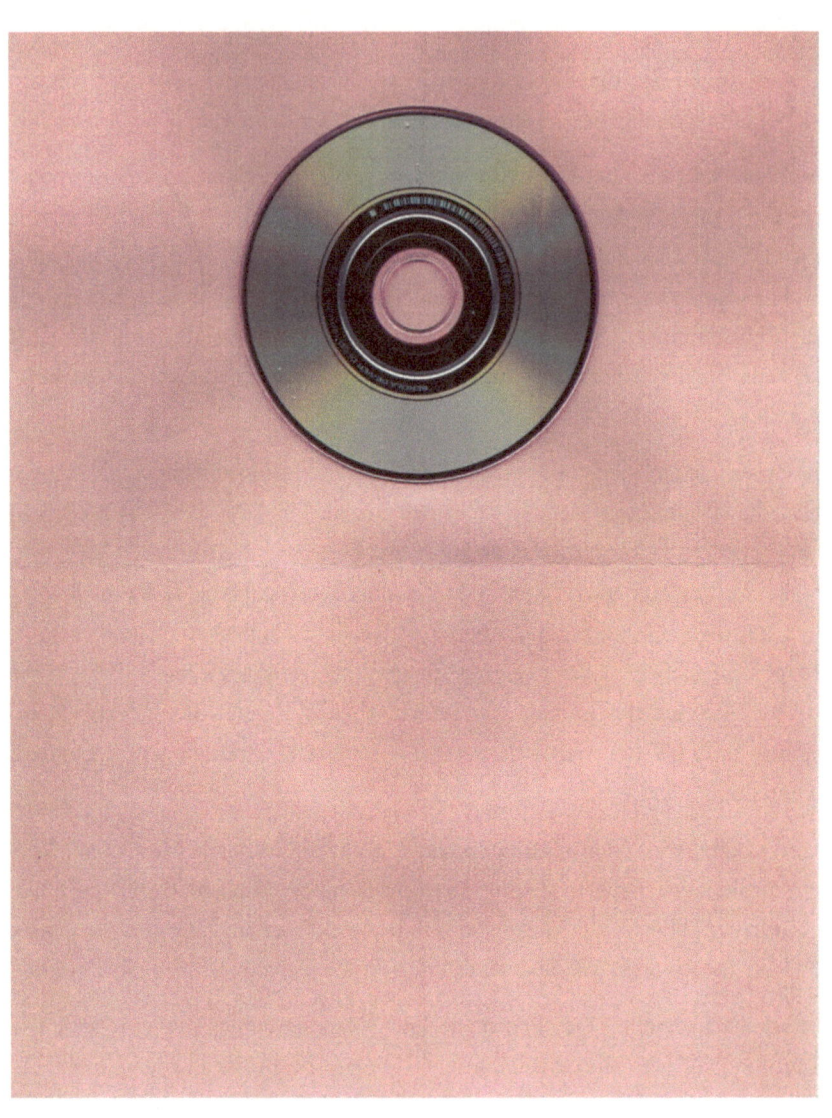

Verfallen Sie nicht in Endzeitstimmung. Jederzeit ist Endzeit, jederzeit ist auch Anfangszeit, Schöpfungszeit. Das hängt davon ab, in welchem Bewusstseinszustand ein Wesen (Mensch, Tier, Planet) sich befindet, wie es die Dinge bewertet.

In der Entwicklung der Seele können und dürfen wir keine Stufen überspringen. Wir können keine einzige Minute unseres Lebens, keine einzige Erfahrung, kein Trauma, kein Karma über- oder unterschlagen.

Alles, was wir nicht beachten, nicht berücksichtigen, wartet „auf Halde" oder „im Keller", bis wir nicht mehr umhin können, uns darum zu kümmern. Unsere Aufgaben liegen in erster Linie im täglichen, in den normalen Pflichten des Alltags.

Aus dem Zen-Buddhismus gibt es hierfür schöne Gleichnisse, zum Beispiel:

Ein Schüler kommt aufgeregt zu seinem Meister gelaufen. Er ruft: „Meister, Meister, ich habe soeben die Erleuchtung erlangt!" Der Meister lächelt milde und fragt: „Freund, hast du gefrühstückt und deinen Teller abgewaschen?"

Die Rollen, die wir spielen

Die unterschiedlichen Rollen, die wir im Laufe unserer Inkarnationen gespielt haben, lassen sich letztendlich auf drei reduzieren: Täter, Opfer, Retter. Diese drei bedingen sich gegenseitig, keiner würde existieren ohne den anderen. In unseren zahlreichen Inkarnationen wechseln die Rollen, mal ist es:

- *Ich leide – ich lasse leiden – ich lindere das Leid.* Mal ist es:
- *Ich bin Sklave – ich bin Herr – ich bin Befreier.*

Im extremsten Fall ist es:

- *Ich werde ermordet – ich bin Mörder – ich bin Helfer* (also Arzt, Krankenschwester, Polizist, Rechtsanwalt, Staatsanwalt, Bewährungshelfer, Bestattungsunternehmer etc.)

Täter und Opfer haben meiner Meinung nach etwas Gemeinsames, denn sie leiden aus dem gleichen Grund: Sie lieben sich nicht selbst. Bei dem Retter ist das nicht so offensichtlich, doch zwanghaftes, fanatisches Helfen entstammt der gleichen Quelle.

Wie oft und wie schnell werden die Helfer selbst zum Opfer der Situation oder zu Tätern, wenn sie keinen Ausgleich, keinen Lohn für ihre guten Taten bekommen. Ich finde es ratsam, ja unerlässlich, dass wir im Laufe unseres Bewusstwerdungsprozesses uns unserer verschiedenen Rollen bewusst werden, dass wir erkennen, dass Täter, Opfer und Retter Aspekte derselben Sache sind. Dass Täter und Opfer sich notgedrungen immer wieder anziehen und auseinandersetzen müssen, denn jeder Konflikt will bereinigt werden.

Wenn eine Person sich im Leben oder während einer Rückführung an die Rolle des Opfers erinnert, kann sie das für gewöhnlich akzeptieren. Aber was kann passieren, wenn sie sich unvermutet wiedererkennt in der Rolle des Täters? Dann kann eine neue Traumatisierung stattfinden und statt

Erleichterung zu erfahren, kommt sie aufs Neue in einer Hölle von Schuldgefühlen und Leiden an. Deshalb muss der Mensch auf seinem Erkenntnisweg zuerst so viel Selbstliebe entwickelt haben, dass es unbedeutend ist, an welche Rolle er sich erinnert.

Wenn nicht nur Angst und Schmerz, sondern auch Wut, Neid, Hass, Intoleranz, Gier, Habsucht und Verschlagenheit als Teil und Aspekt der eigenen Persönlichkeit anerkannt und liebevoll akzeptiert werden, erst dann wird der Mensch ganz. Dies bedeutet nicht, dass er nun beginnt, diese Dinge wild auszuleben, im Gegenteil: Wenn er sie wahrnimmt, respektiert und gut damit umgeht, gewinnt er eine bewusste Kontrolle über sich. Dann wird es nicht mehr vorkommen, dass jemand nach einer Gewalttat sagt: „Es ist einfach so passiert, es ist über mich gekommen, ich erinnere mich an nichts mehr, das war nicht ich, der das gemacht hat!"

Es ist nicht möglich und auch nicht nötig, vollkommen und perfekt zu sein. Dazu sind wir nicht hier. Wenn es gelingt, einen Konflikt mit etwas weniger Hass und Kampf aufzulösen, Katastrophen in Beinah-Katastrophen abzumildern oder wenigstens innerhalb einer Katastrophe mit etwas weniger Vernichtung und Selbstvernichtung zu reagieren, dann haben wir die Prüfung bestanden. Entscheidend ist der gute Wille.

Der esoterisch ausgerichtete Mensch hat es deshalb so schwer, weil er für gewöhnlich einen sehr hohen Anspruch an sich selbst hat. Oft möchte er – salopp ausgedrückt – das goldene Haus der Erleuchtung in Fertigbauweise und als Sofortlieferung. Häufig meint er, sich über das Fleischliche erheben zu müssen. Doch, nun buchstäblich geantwortet, wenn er zurzeit noch nicht leicht auf Fleisch verzichten kann, so ist das sicher kein guter Moment, um Vegetarier zu werden. Wer Erotik und Sex liebt, sollte nicht versuchen, zölibatär zu leben. Wozu auch? Die Liebe Gottes kann auf viele verschiedene Arten erfahren werden, auch durch den Körper eines anderen Menschen.

Wer Dinge gehabt hat, kann sie auch wieder loslassen. Dann erst ist es freiwillig. Wahrscheinlich passieren auf dieser Erde pausenlos Dinge, mit denen Sie nicht einverstanden sind, gegen die Sie aber nichts unternehmen können auf realer Ebene. Sobald Sie das erleben, bleiben Sie nicht im Zustand von Hilflosigkeit, Ohnmacht, Frustration, sondern distanzieren Sie sich mental.

Hierbei hilft folgender Satz:

„Ich .... *(setzen Sie hier Ihren Namen ein) distanziere mich von der und der Angelegenheit, Auffassung, Handlungsweise – ich vertrete die und die Haltung.*"

Mit diesem Akt haben Sie vier Dinge erreicht:

- Sie bleiben nicht im Gefühl von „Ich kann doch nichts bewirken" hängen.

- Sie machen sich nicht mitschuldig.

- Sie bereiten mental eine bessere Lösung vor, und dadurch werden Sie in der Zukunft auch an der von Ihnen selbst bedachten und geschaffenen Realität teilnehmen.

- Sie werden sich später mit Gleichgesinnten in der gleichen ideellen Lebensform wiederfinden.

Reinkarnation – Wiedergeburt

Zwei Drittel der Weltbevölkerung glaubt an Wiedergeburt. Dieser Glaube beinhaltet, dass der Mensch mehrere, ja viele Male auf Erden lebt, dass seine Seele immer wieder einen anderen Körper bewohnt.

Der Reinkarnationsglaube ist Bestandteil verschiedener Weltreligionen. Auch in der Bibel gibt es mehrere Hinweise dafür, dass er früher zum Glaubensgut gehörte. Ich denke, dass jedes Individuum auf seinem Weg zurück ins „Heil" sich seiner verschiedenen Leben erinnert, um sie zu integrieren und dadurch ganz, eben heil zu werden. Frühere Leben müssen nicht bis ins Detail erinnert werden. Es genügt, wenn das Muster, das sich durchzieht, erkannt wird, also der sogenannte rote Faden. Dann kann der Mensch beginnen, Dinge zu ändern. Reinkarnationserinnerungen kommen entweder spontan ins Bewusstsein oder innerhalb einer Therapie.

Vor Jahren hat kaum jemand darüber gesprochen, heute wird viel darüber geredet. Der Reinkarnationsgedanke, positiv angewandt, bedeutet: Mit jedem neuen Leben, mit jeder neuen Geburt bekommt der Mensch eine neue Chance zur Weiterentwicklung. Leider wird diese Idee, die eigentlich Erlösung möglich machen soll, häufig missbraucht. Wenn zu einem Menschen gesagt wird: „Du hast dir dein Leben doch selbst ausgesucht, wenn es dir schlecht geht, dann ist das dein Karma, was klagst du?", so ist das eine unbarmherzige Aussage. Vom übergeordneten Standpunkt aus mag sie sogar richtig sein, aber den haben wir meistens nicht, denn dann wären wir nicht mehr hier.

Wir sind für gewöhnlich in Blindheit, Zwängen und den Konsequenzen unserer früheren Taten gefangen. Insofern stimmt diese Aussage nur bedingt. Wenn dieser Mensch, dem es schlecht geht, alle Informationen zur Verfügung gehabt hätte bei der Wahl seines Lebens, alle Weisheit und damit einen freien Willen und eine freie Wahl, dann hätte er dieses Leben und diese Umstände so wahrscheinlich nicht gewählt. Er sollte neben dem Leid, welches er schon trägt, nicht auch noch beschämt werden, dass er so dumm war, sich dieses miese Leben auch noch selbst auszusuchen. Im Gegenteil, er muss in seiner Klage angenommen und akzeptiert werden. Seine Tränen wollen beachtet und geachtet werden. Er sollte Verständnis und Barmherzigkeit erfahren, Trost und Ermutigung. Er sollte beginnen, sich selbst lieb zu haben und weiterzugehen auf dem Weg zu sich selbst, bis er reif ist, die volle Wahrheit zu erkennen. Dann kann er aus sich heraus seine Klagen auf- und abgeben.

Menschen sagen oft: „Muss ich noch wiedergeboren werden auf der Erde oder muss ich das nicht mehr?" Ich denke, solange wir die Frage so stellen, solange wir unsere Erdeninkarnationen als Zumutung erfahren, ist die Antwort: „Ja, du musst noch, weil du dein Hiersein so erlebst! Erst wenn du sagst: Kann, darf, sollte, möchte ich noch weitere Erdenleben, dann bist du frei vom Zwang der Wiedergeburt."

Wenn ein Mensch den Weg durch zahllose Inkarnationen gegangen ist, aus der Einheit gekommen, abgefallen und wieder aufgestiegen aus der Hölle, wenn er sich in Selbstachtung und in Selbstliebe geübt hat, wenn er sich dann mit anderen Menschen in persönlicher Liebe und später in immer größeren Liebesverbänden zusammengeschlossen hat, wenn er dann – nicht mehr Ego und nicht mehr ich – zusammenschmilzt mit der kosmischen Einheit, dann ist der „Moment" erreicht, in dem es keine Gegenwart, Vergangenheit und Zukunft gibt. Dann ist er angekommen. Dann ist Ewigkeit. Dann ergibt sich die Frage, ob er dann Kraft seines – wieder – freien Willens sich erneut herausbegeben will aus dieser ewigen Einheit hinein in die Zeitlichkeit und in die scheinbare Endlichkeit.

Das Individuum entscheidet, ob es den Vergleich, den Wettbewerb, die Agitation dem Licht, der Liebe und der Herrlichkeit vorzieht. Wenn das der Fall wäre, so würde nach diesem Modell dann „alles wieder von vorne anfangen".

In diesem Kontext wird die ewige göttliche Einheit immer, ewig und ständig durch einen Geistesakt, durch eine geistige Entscheidung entweder geteilt, getrennt, gespalten oder geschaffen und erhalten.

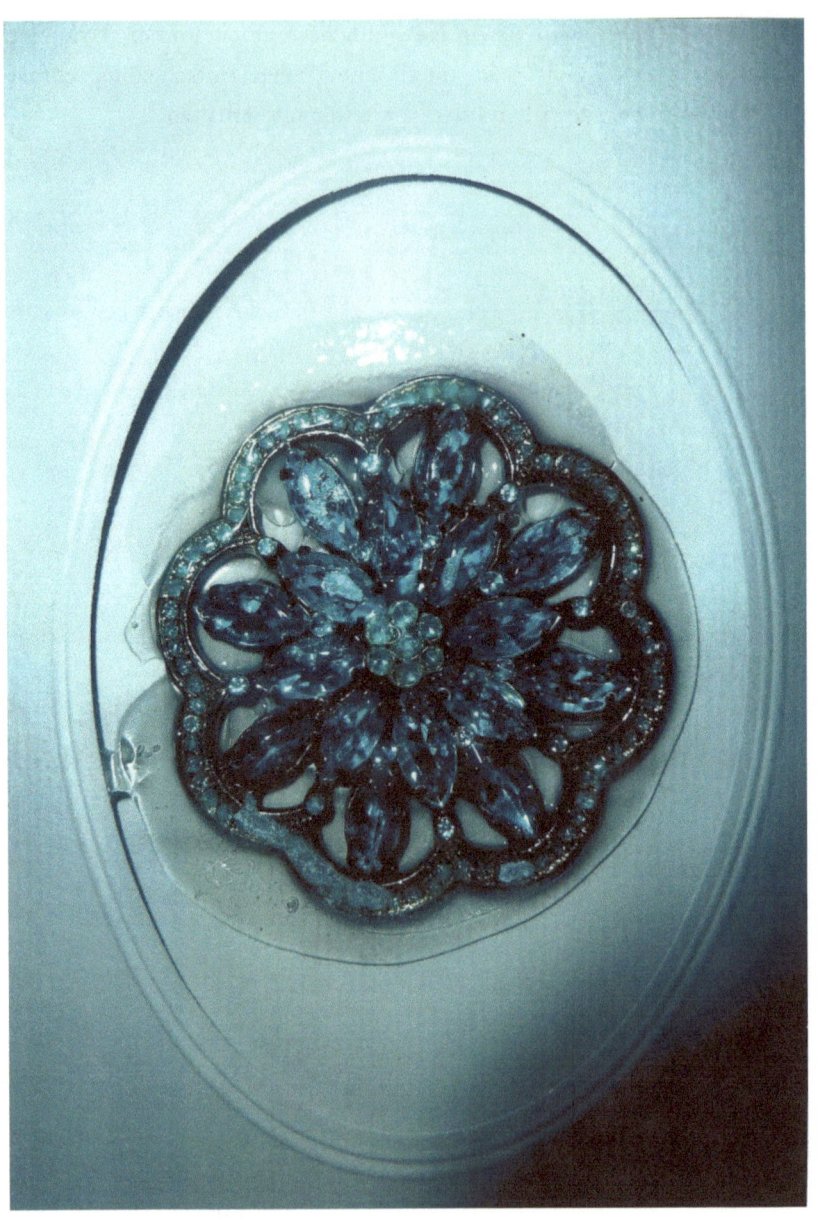

Gott ist das Prinzip, das sich verwirklicht

Diese Definition erhielt ich vor Jahren im Schlaf. Zuerst hielt ich sie für ein nächtliches Hirngespinst. Bis zu der Zeit hätte ich auf diese Frage geantwortet: „Gott ist gut oder schlecht, gerecht oder ungerecht; das hängt davon ab, wie er mich gerade behandelt!"

Später hätte ich geantwortet: „Gott ist die Natur, das Universum, das Licht, der Friede, das Wort, das Nirwana, die Wahrheit!" Doch bei all diesen Antworten hatte ich das sichere Gefühl: Dies sind (nur) halbe Wahrheiten, nur Teilantworten. Sicher beinhaltet Gott all diese Aspekte, doch ist es mehr, was IHN ausmacht.

Wenn wir uns die Aussage: „Gott ist das Prinzip, das sich verwirklicht" zu eigen machen (nur für eine Minute), dann erkennen wir (an), dass Gott eine Idee ist, die fortwährend „am Wahrwerden" ist, fortwährend im Begriff, sich zu verwirklichen.

Wenn wir noch weitergehen, so erkennen wir, dass wir selber bestimmen, welcher Idee, also welchem Prinzip wir angehören wollen – und nicht nur das, wir erschaffen das Prinzip selbst (das Prinzip als solches), und wir verwirklichen es selber.

Wir entscheiden nicht nur, an welchem Prinzip, also an welchem Gott wir teilnehmen, teilhaben wollen, sondern in einem Schöpfungsakt erschaffen wir diesen Gott selbst, nämlich das Prinzip, jenes Prinzip, welches wir verwirklichen. Damit vollziehen wir den Schöpfungsakt. Wir erkennen, dass wir selbst sind und tun, was wir bisher anderen Menschen und Kräften zugeschrieben haben.

Wenn wir alle für diese Einsicht notwendigen Entwicklungsschritte getan haben, dann entscheiden wir, an welcher Realität, an welcher Gegenwart, Vergangenheit und Zukunft wir teilnehmen (wollen), mehr noch, wir erschaffen unseren eigenen Seinszustand selbst, denn in Wahrheit sind wir (auch) Gott.

Nach all den Kämpfen, den Irrungen, Wirrungen verschiedenster Existenzen erlangen wir die Freiheit des Willens, die wir immer hatten, aber die uns zeitweilig abhanden gekommen schien (zurück). Der Prozess geht über Erkennen, Entscheiden, Erschaffen, Erlösen.

Wenige Zeilen beschreiben das. Hier in diesem Beispiel ist die Entscheidung für einen liebenden Gott gefallen: „… und als ein Gott von Liebe füge ich eine Ei- und eine Samenzelle zusammen und hauche mir Leben ein."

P.S.:
Nun ist die Minute vorbei, und wir können wieder denken, „was wir wollen".

Der kosmische Kreislauf

... nach und nach finde ich Erinnerungen aus Leben, sie wollen erinnert, sie wollen erlöst sein. ... war ich schon einmal ein höheres Wesen in einer viel früheren Zeit, hatte einen Lichtkörper. Wir Wesen konnten mit unseren Gedanken alles erschaffen, was wir nur wollten, mit der Vorstellung, mit einer Bewegung der Lichthände konnten wir Räume erschaffen aus Licht. Wenn wir sie nicht mehr brauchten, konnten wir sie zurücknehmen.

Ich bewegte mich durch den Raum, erschaffend denselben, weiß die Wände, marmorblau die Kuppel. Michelangelo. Mozart. All das in Bewegung. Nachdem ich den ersten Raum durchschritten hatte, erschuf ich den zweiten. Dort traf ich meinen Gegenspieler, ein anderes höheres Wesen, Hass zwischen uns, Konkurrenz. Wie ich so vor ihm stand, lähmte er mich mit der Kraft seiner Vorstellung, entzog er mir Licht, sog es aus mir heraus.

Ich wurde lichtloser, müde und schwer, sank schließlich in mich zusammen, lag in dem Berg, war der Berg. Der Berg und die Dunkelheit waren meine Fesseln. Mit der Zeit fühlte ich Wasser über mich rinnen, manchmal seufzte ich tief, verbrachte so Jahrmillionen in totaler Finsternis, wartend auf Erlösung. Das Wasser grub tiefe Rinnen in mich hinein, Frost und Sonne taten ein Übriges. Langsam wurde meine Oberfläche poröser, zerbröselte, wurde frei, frei beweglich – muss ich nun meinen Gegenspieler wiederfinden und mit ihm Frieden schließen?

... im Urlaub steige ich Treppen hinauf, es erinnert mich an irgend etwas, mir bricht der Angstschweiß aus, Todesschweiß. Mir wird schlecht. Ein Hund schreit auf und flüchtet vor mir. Ich steige weiter, Stufe um Stufe, es sind die Stufen zu meinem Tod.

Ich bin in einem anderen Leben. Es ist noch vor Sonnenaufgang. Ich bin ein junges Mädchen und steige die Stufen hinauf zu meiner eigenen Opferung. Mein ganzes Leben bisher war ich in einem verschlossenen Raum, wurde vorbereitet auf diesen großen Tag. Meine Haut ist heller als die Haut der anderen Menschen. Der erste Morgen, den ich erlebe in der Natur, ist auch mein letzter. Ich bin stolz, dass ich mein Leben den Göttern opfern darf. Mein Volk geht mit mir. Ich bin ein junges Mädchen, noch nie hat mich ein Mann berührt. Das erste Mal, wenn mich ein Mann berühren wird, wird auch das letzte Mal sein. Mit einer Klinge werden sie meine Brust öffnen und mein Herz den Göttern opfern. Ich bin voll Ehrfurcht und Andacht.

Auf dem Berg steht der Stein, eine abgeflachte Pyramide. Ich liege darauf ungefesselt. Vier Priester sind da, einer an jeder Seite. Sie verbrennen stark riechende Kräuter und Sträucher. Ich bin betäubt und sehe Farben. Mein Volk steht etwas tiefer. Es singt eintönige Gesänge. Heute werden sie mich, das Kind ihres Stammes, opfern den Göttern zum Wohlgefallen. Es ist noch dunkel. Wir warten auf den Sonnenaufgang. Ich sehe den Priester zu meiner Rechten, sehe seine öligen Haarsträhnen, sein dunkles Gesicht voll Falten und seine brennenden Augen. Ich erschrecke zu Tode, da ist keine Heiligkeit. Da ist nackte Gier, Blutrunst und Mordlust. Ein Schauer durchläuft meinen Körper: Dies hier ist Betrug!

Dies ist keine heilige Handlung, dies hier ist Morden! Morden unter heiligem Zeichen. Was soll ich tun? Soll ich mich opfern, umsonst diesen blutgierigen Kerlen, opfern für nichts und wieder nichts, ihr unheiliges Spiel mitspielen? Nein! Ich will mein Volk warnen, den Irrtum aufdecken, will mich nicht schlachten lassen, sinnlos. Plötzlich höre ich meine Stimme, gewaltig und klar von den umliegenden Bergen. Das Echo hallt vielfach zurück.

„Dies ist nicht der Gott!" Die Priester zucken zusammen, raunen: „Macht schneller!" Ich kann nun nicht mehr geopfert werden, bin keine heilige Jungfrau mehr. Allgemeine Verwirrung. Mein Volk flieht. Sie warten nicht mehr auf den Sonnenaufgang. Ich will von dem Stein, da stechen sie zu, blindlings vor Wut zerstechen sie meinen Körper, lassen ihn liegen, flüchten auch.

Die aufgehende Sonne sieht meinen zerstochenen Körper und einen blutüberströmten Stein. Die Geier kommen. Später kommen die Ameisen. Der Opfertisch wird nie mehr benutzt. Er ist entweiht. Die Menschen meiden den Ort.

… ich lerne einen Mann kennen, doch ich kenne ihn schon lange. Es ist wie ein Strom, eine Flamme. Wer war das, wann war das … Es war eine verbotene Liebe. Er ist ein römischer Soldat, ich bin eine Christin. In der Nacht eile ich zu den Kata-

komben. Ich bin zu spät, der Stein ist schon vor den Eingang geschoben. Ich werde gefasst. Fast bin ich froh und stolz. In einem unterirdischen Verlies werde ich untergebracht. Dieser Mann ist mein Wächter. Er bewacht mich. Manchmal, wenn niemand in der Nähe ist, kommt er zu mir. Wir umarmen uns heiß und innig. Die ganze Leidenschaft eines ungelebten Lebens liegt in der Umarmung.

Ich habe keine Skrupel, einen Heiden zu lieben, so kurz vor dem Tod. Als er mich abholt in die Arena, bricht seine Stimme vor Schluchzen. Er sagt: „Sei stark, ich liebe dich!" Ich trage ein weißes Kleid. Später erkenne ich, dass sie uns weiße Kleider geben, weil man dann das Blut von den Rängen aus besser sehen kann. Ich trete in die Arena, blendendes Licht, ich kann nichts mehr sehen, gehe ein paar Schritte. Von der anderen Seite lassen sie nun die Raubkatzen in die Arena. Die Zeit steht still. Alles ist still.

Die Tiere kommen, tun mir nichts. Wie soll das nun weitergehen? Irgendwie muss dieses Schauspiel doch zu Ende gebracht werden. Ich drehe mich um, schaue nach dem Sehschlitz, hinter dem der Soldat verborgen ist, bin ratlos. Die Leute hier wollen doch ein Schauspiel! Und nun passiert nichts. Dann fühle ich mich voll Hohn. Ich bin stärker als der Kaiser! Die Bestien tun mir nichts.

Schließlich werden die Tiere gereizt, mit einer Lauge überschüttet, die ihnen in den Augen brennt. Da werden sie wütend. Ich sehe Kratzwunden an meinem Körper, am rechten Arm, am Oberschenkel, fühle gebrochene Rippen, sehe mich auf der Erde liegen im Sand. Dieser Tod sollte für Christus sein, in Wahrheit war er eine Provokation gegen den Kaiser, gegen das herrschende Gesetz. Katz-und-Maus-Spiel mit den Soldaten. Ich war süchtig danach, gefangen zu werden, um Märtyrerin zu sein. (Hoffentlich haben sie mich nicht heiliggesprochen, das wäre ein Irrtum, der müsste rückgängig gemacht werden.)

Die Liebe zu dem Soldaten nahm ich mit in den Tod. Nach fast 2000 Jahren wurde sie wieder wach. Als ich mich an die Bilder von damals erinnert habe, kann ich mich lösen und ihm Lebewohl sagen.

Einmal frage ich mich, wo ist all mein Wissen, meine Weisheit verschüttet? Ich habe schon alles einmal gewusst, alles war schon einmal da, wo ist es nur geblieben? Wo ist dieses Wissen, diese Weisheit vergraben, vergraben, vergraben …

Ich sehe eine niedrige Bauernstube, dunkle Balken, Kerzenlicht, Feuer an der Herdstelle, ein Wasserkessel darüber. Ich bin eine ältere Frau. Viele Menschen kommen zu mir. Ich behandle sie mit Tees und geriebenen Pulvern, spreche ihnen gut zu. Keine Zauberei! Immer mehr Leute kommen, ich kann den Zustrom nicht mehr stoppen, nicht mehr aufhalten. Es ist mir unangenehm, so bekannt zu sein.

Manche Leute mögen mich nicht. Die Pfarrer haben Angst, dass mehr Leute zu mir als zu ihnen in die Kirche kommen könnten. In versteckten Worten lesen sie von der Kanzel, dass jeder, der zu mir komme, ausgeschlossen werde aus der Kirche. Nun wendet sich das Blatt. War ich bisher geliebt und geachtet, werde ich nun gehasst und verfolgt. Jedermann redet über mich. Sie sagen, ich hätte bei Vollmond Hasen die Pfoten abgeschnitten und damit geheilt. Ich habe nie Hasen die Pfoten abgeschnitten! Es kränkt mich zutiefst! Alles andere ist nicht so schlimm wie die üble Nachrede. Ich werde scheu, verlasse nicht mehr mein Haus. Ich lebe ganz allein, mein Mann ist tot.

Eines Abends nehme ich meine Heilmittel, meine Aufzeichnungen, meine Pulver und vergrabe sie. Ich werde nie wieder heilen und helfen. Ich bin zu enttäuscht von den Menschen. Die Tees verbrenne ich, aus und vorbei! Ich bin gebrochen.

Eines nachts klopfen Leute an meinen Fensterladen, ich soll bei einer Geburt helfen. Aber ich kann nicht. Ich weiß, wenn ich zu der Frau gehe, wird das Kind sterben. Und wenn ich nicht gehe, wird es auch sterben. Die Leute kommen, um mich zu prüfen. Sie wollen mich hereinlegen. Ich sage ihnen, ich kann nicht mehr helfen, sie sollen nie mehr wiederkommen. Nun haben sie den Beweis, dass ich eine Hexe bin, die ihre Macht verloren hat.

Nachdem diese Frau im Mittelalter durch die Folter ums Leben gebracht wurde, sehe ich einen zweirädrigen Karren. Meine Gestalt liegt darauf. Die Henker werfen mich in ein Grab, abseits der anderen Gräber. Die wilden Gefühle sind erloschen und auch das Feuer. Ich bin in dem Grab, ein zerstörter Körper und eine verstörte Seele. Langsam steige ich auf, schwebe wie eine Taube über dem Friedhof über dem Dorf, steige höher und höher, will zum Licht, zur Glückseligkeit.

Die Beschaffenheit des Raumes verändert sich, ich gelange an einen Raum in Ellipsenform mit einer undurchdringlichen Hülle. Da will ich hinein, denn ich weiß, darin ist es gut. Darin sind die glücklichen Wesen, befreit von der Erdenlast. Da will ich hinein. Doch ich komme nicht durch. Ich spüre ein Wesen, es tritt mir entgegen. Ich zeige ihm meine Wunden, meine zerbrochenen Glieder. Wenn ich sie zeige, wird es erkennen, wie sehr ich gelitten habe, wie viel Unrecht mir zugefügt wurde, und mich hineinlassen. Da höre ich die Stimme des Wesens, ruhig und ernst: „Deine Wunden sind die Zeichen deines Hasses, du musst zurück!"

Niemand will mich, nicht auf Erden und nicht in den Himmeln. Ich stürze zurück in mein Grab, will mich wieder vereinen mit meinem verwesenden Körper. Es geht nicht. Ich irre umher, ruhelos, heimatlos, verfluche alle, und damit mich selbst. Mich hat eine Unruhe gepackt, doch kann ich nichts tun, nichts fassen, nichts halten, nichts denken, nichts sagen, es ist die Hölle, der Wahnsinn. Ich bin eine arme Seele, voll Hass auf alles und jedes.

Nun kann ich nicht mehr als Mensch wiedergeboren werden, zu groß ist mein Zorn, meine rasende Wut. Zu groß ist mein Hass. Ich finde eine Empfängnis, in der ich meine Leidenschaften als Tier ausleben kann. Ich schwimme in einer Flüssigkeit. Viele schwimmen da, es ist ein Gewimmel von unzähligen Samenfäden. Ich habe nur ein Ziel, dann bin ich „drin". Da bleibe ich eine Weile und wachse, bis es eng wird. Da entsteht Druck, kommt Bewegung, plötzlich ein Rutsch, ich gleite nach draußen — und sehe meine Pfoten, behaart, die Beine, die Schnauze. Ich bin ein Wölfchen und weiß nicht, ob ich es weiß.

Es sind noch mehrere da. Und eine Mutter, die leckt mein Fell und säugt mich. Bald raufe ich mit den anderen. Wir leben in einer Höhle. Es ist meine schönste Kindheit. Eines Tages fühle ich: Bald muss ich hier raus. Sie wollen mich nicht mehr. Meine Kindheit ist nun vorbei. Im Morgengrauen laufe ich in die Steppe hinaus, wieder verstoßen, doch kann ich als Wolf meinen ungezügelten Hass leben nach meiner Lust. Nun darf ich endlich, nun darf endlich ich verfolgen und jagen und reißen und morden!

Es ist meine Natur, Tiergesetz! Jetzt bin ich Täter, endlich! Es ist eine Gnade für mich, ein Wolf zu sein.

Nach diesem Wolfsleben muss ich nun auch die andere Seite erleben und werde als Schwein geboren. Ich bin eine liebevolle Muttersau mit vielen Kleinen. Ein schönes Leben – bis sie mich schlachten bei lebendigem Leib. Durch einen Stich am Hals lassen sie mich ausbluten. Mein Schrei vermischt sich mit dem Schrei der ganzen gequälten, geschundenen Kreatur. So schreie ich mit der ganzen Welt nach der Erlösung. Ich will zurück, zurück zu den Quellen, den Quellen der Trennung und Spaltung, zu dem Beginn der Polaritäten.

Seit Erschaffung der Welt gibt es Polaritäten und Trennung. Wir sind die abgespaltenen Teile Gottes, die seit Jahrmillionen versuchen, die verlorene Einheit zu finden und sich doch wieder Trennung um Trennung erschaffen in allen erdenklichen Variationen. Ich will zurück zu den Quellen. Ich weiß, die Ursache liegt nicht in dem begründet, was die Kirche, die Religion die Vertreibung aus dem Paradiese nennt. Dies war die Folge einer noch früheren Trennung. Dahin will ich zurück, um die Einheit zu suchen.

Ich sehe eine gewaltige blaue Energiesäule. Sie teilt sich. Die linke verdunkelt sich. Sie sagt zu der rechten: „Ich bin größer als du, ich bin stärker und besser!" Ich selbst identifiziere mich mit der linken Seite und erhebe mich gegen die rechte. Die Menschen nennen mich später Luzifer, Satana und Ahriman.[1] Ich fühle einen Riss, einen Bruch durch meinen Energiekörper gehen. Es ist ein elektrischer Schlag. In einem gewaltigen Sturz falle ich in Unendlichkeiten, falle ins Nichts und komme nicht an. Ich bin in der Energie, die sich abspaltet, die sich trennt in diesen gefallenen Engeln.

---

[1] Ahriman, Satana, Teufel oder Luzifer: In diesem Konstrukt wird Gott als Trinität (Dreieinheit) angesehen: Gottvater als der männliche Aspekt, Gottmutter als der weibliche Aspekt, Gottsohn als der Kindschaftsaspekt, als die physisch gewordene Liebe. Nach dem Gesetz der Dualität haben diese drei „Instanzen" logischerweise entsprechende Gegenpole. So benamen wir: Ahriman als die andere Seite von Gottvater, Satana als den Gegenpol von Gottmutter und den Teufel (Luzifer) als Gegenspieler von Gottsohn.

So falle ich in Räume, die sich im Fallen erst bilden, in Unendlichkeiten. Der Sturz wird begleitet von einem enormen Geräusch, in irdischer Sprache benennbar, mit Donnergetöse, mit Detonationen. Im Fallen wird die Beschaffenheit der fallenden Energie dichter, verfestigter, materieller. Mit meinem Bewusstsein bin ich in dieser materiellen Energie. Ich weiß, ich habe die Trennung verursacht und habe die Einheit verloren. Ich kann nicht trauern um den Verlust. Ich fühle mich böse, und ich bin das Böse. Wenn ich schon das Licht verloren habe, so habe ich nun nichts mehr zu verlieren. Ich identifiziere mich mit den Kräften der Finsternis und der Zerstörung. Wenn ich schon alles verloren habe, so will ich meine böse Sache auch gut machen.

In Sekunden und Ewigkeiten fühle ich die Folgen des Sturzes und die Unfähigkeit, darüber zu trauern. Ich schreie und schreie in irrsinnigem Zorn, lache und höhne und kreische gellend gegen die Einheit, die ich verlor. Da höre ich die biblischen Worte: „Vertrieben sollst du sein aus dem Paradiese. Verflucht sollst du sein (da du dich selbst verflucht hast) und unter Schmerzen Kinder gebären. Sterben wirst du."

Ich verhülle mein Angesicht, denn Gott nun zu schauen, würde mein Antlitz verbrennen. Ich schreie: „Nein!" Ich mache die Weissagung ungültig. Ich lasse mich nicht vertreiben! Eher vertreibe ich mich selbst pausenlos aus Paradiesen. Ich höre die Stimme: „Verflucht sollst du sein." Ich schreie: „Nein!" Ich lasse mich nicht verfluchen! Ich werde mir alle möglichen Schauplätze der Welten aussuchen, um zu beweisen, wie mächtig ich bin. Ich werde mich auflehnen und trotzen gegen Ordnungen, Instanzen, Kirchen, Hoheiten, bis sie mich verfluchen, verdammen, bis sie mich töten.

So bin ich scheinbar das Opfer, doch mein Blut und meinen Tod laste ich den Tätern an. Das ist meine Rache, mein Testament. Im Tode nehme ich mir das Recht, sie zu verfluchen. „Unter Schmerzen sollst du Kinder gebären." Ich schreie: „Nein! Ich unterwerfe mich nicht! Werde nicht unter Schmerzen Kinder gebären. Ich lasse mich unfruchtbar sein, lasse mir die Kinder aus dem Leibe holen oder ziehe fremde Kinder auf." „Sterben wirst du!" Ich schreie: „Nein! Ich werde nicht sterben! Entweder ich lasse mich töten oder ich töte mich selbst! Denn ich selber bin Herr über Leben und Tod."

Dann gehe ich zurück zu Gott. Ich verhülle mein Angesicht, denn Gott nun zu schauen, würde mein Antlitz verbrennen. Mit erhobener Faust schleudere ich ihm entgegen: „Gott, ich bin größer als du!", und vernehme die Antwort: „Du bist (auch) Gott!"

Die Einheit ist wiedergefunden, die Einheit und Gleichheit, Geborgenheit. Der Kampf ist zu Ende. Jeder Kampf ist ein Irrtum. Es gibt keinen Kampf. Es gibt keine Schuld. Es gibt Gnade, Erlösung, Glaube, Hoffnung und Liebe. Die früheren Leben sind nicht mehr wichtig. Die geistigen Muster wurden begriffen. Sie müssen nicht länger fortgesetzt werden. Es kann Gegenwart stattfinden, Kraft wird frei und Energie.

Es ist nun an der Zeit, sich den Menschen, den Tieren und Pflanzen und der Materie zuzuwenden durch Helfen und Heilen.

Viele Jahre vergehen. In irdischer Zeitmessung genau zwölf Jahre. Ich fühle mich erlöst und doch nicht erlöst. Fast könnte ich sagen zwei Drittel erlöst. Der Kreis ist noch nicht geschlossen. Es fehlt etwas ganz Wichtiges, Existenzielles: Es fehlt das Erinnern meiner „eigenen Schuld". Diese mentale Reise alleine zu machen, ist mir unmöglich. Dazu bin ich zu bang. Dazu benötige ich liebevolle Reisebegleitung. Ich bitte meine Freundin darum. Sie sitzt neben mir, sie ist bei mir, während …

Ich frage mich, mein Über- oder mein Unter-Ich, mein Über- oder mein Unterbewusstsein: Was habe ich getan? Fühle ich mich doch immer noch schuldig, schuldig, schuldig, von Geburt zu Tod und zu neuer Geburt – schuldig. Ich frage mich, deine Feindin. Ich frage dich, meinen Feind – wer immer ich bin, wer immer du bist. Ganz lieb, ganz weich, ganz warm bitte ich dich um das Wiedererinnern meiner Schuld – unserer Schuld.

Es möge mir schon im Voraus verziehen sein, und ich möge schon im Voraus mir verzeihen und dir, um zu erlösen und nicht um neues Schuldgefühl zu kreieren. Bin ich jetzt reif genug? Bin ich jetzt reif genug, das Erinnern meiner Schuld zulassen zu können, in Liebe?

Und da sehe ich eine Art Lichtaquarium im Weltenraum, in einer anderen Ebene, einer anderen Dimension. Einer kauert darin, ich erkenne noch menschliche Körper-

formen. Die Energieströme dieser Person fließen nur ganz schwach. Ich frage mich, wer bin ich und wo bin ich in dieser Welt? Und ich sehe mich als Lichtkugel oder in einer Lichtkugel. Ich bin in Sicherheit. Ich kann das Licht meiner Kugel hell machen und auslöschen, sodass niemand mich finden kann. Ich kann aber auch die „Aquarien" von den anderen Wesen erhellen. Und das tue ich mit Wissen und Willen bei all denjenigen, die mir in irgendeinem Leben, in irgendeiner Existenz Böses zugefügt haben.

Ich nehme jeweils meinen Hass und meine Rache mit in den Tod und warte auf die Stunde der Vergeltung. Die finde ich hier in einer mentalen Welt. Hier halte ich meine Übeltäter gefangen in Lichtkäfigen. Und nicht nur das: Ich erhelle mit der Kraft meines Willens ihre Behältnisse, um sie den Quälereien anderer herumstreunender Wesen auszusetzen. Ich frage mich, wie um Himmels Willen bin ich, sind wir so weit gekommen? Was war die allererste Auseinandersetzung zwischen diesen Energien in uns?

Oh, ja, wir sind alle in der Energie, die sich spaltet, die sich trennt aus der Einheit, aus der Harmonie. Wir sind Bundesgenossen, Tatgenossen, Artgenossen und darum auch Leidensgenossen. Dieser geistige Akt der Trennung hat uns zusammengeschmolzen. Auf Erden müssen wir uns wiedertreffen, in den mentalen Welten müssen wir uns wiedertreffen und unsere Einheit ausdrücken, indem wir einander quälen.

Wir tun und tun, was wir nicht wollen, mal für mal. Damit zeigen, ja, dokumentieren wir unsere Einheit in der Trennung. Nun wird mir deutlich, warum ich in meinen Reinkarnationserinnerungen meine Schuld nicht wiederfinden konnte.

Auf der irdischen Ebene war ich Opfer, auf der mentalen Ebene Täter. Ich bin geschockt über mich, gleichzeitig erleichtert. Nun ist auch dieses Geheimnis entdeckt, nun findet es seine Erklärung.

Ich frage meinen Geistführer mit einem leisen Vorwurf in der Stimme: „Warum hast du mir das alles nicht schon viel früher gesagt und gezeigt, dann wäre mir vieles erspart geblieben?" Er antwortet: „Ich habe, ich habe! Aber, wie so oft, wenn ich dir etwas erkläre, hörst du nicht zu, bist ungeduldig, gehst achtlos darüber hinweg!"

Schnell sage ich: „Sorry, sorry", und dann sage ich nur noch: „Es tut mir leid , was ich getan habe. Und es hat mir so viel Leid getan. Ich will das nicht mehr. Ich will es wirklich nicht mehr!"

Etwas ängstlich frage ich meine Freundin: „Hast du mich denn jetzt noch lieb?" Und sie sagt: „Ja!"

Mentale Kontakte mit Diesseitigen

Mentale Kontakte sind möglich mit einer körperlich anwesenden Person, mit einer körperlich abwesenden Person und auch mit einer, die nicht mehr auf dieser Erde lebt, sondern in anderen Welten. In der „Erscheinungsform" macht das keinen Unterschied. Oft kann ich von mir aus nicht einmal sogleich feststellen, ob die betreffende Person „hier" oder „drüben" lebt. Es gibt nicht Leben und Tod, sondern Leben und Leben, denn Leben ist immer.

Wohl gibt es zwei enge Passagen: Geburt und Sterben. Das Sterben auf dieser Erde ist die Geburt im Jenseits. Das Weggehen von der anderen Seite ist die Geburt auf dieser Erde.

Eigentlich spielt es keine große Rolle, auf welcher Seite wir uns gerade befinden. Seele ist Seele, und wenn ich mich auf eine bestimmte Person konzentriere, also meine Wellenlänge der ihrigen anpasse, nehme ich ihren jeweiligen Zustand wahr. Ich nehme wahr, wie die Menschen sich fühlen, was sie denken, meinen, wollen. Ich führe ein mentales Gespräch mit der Person, die mich um Hilfe gebeten hat oder für die um Hilfe gebeten wurde.

Wenn es sich um einen auf dieser Erde Lebenden handelt, so frage ich ihn noch einmal ausdrücklich, ob er diesen Kontakt mit mir selbst will. Etwa zehn Prozent der so Gefragten lehnten das bisher ab. Sicherlich haben sie gute Gründe dafür. Ich bekam Reaktionen, wie: *Was mischen Sie sich ein, ich habe keine Zeit; ich denke, ich soll hier reingelegt werden. Die fragende Person will nur etwas über mich herausfinden, was dann gegen mich verwendet werden soll.*

In jedem Fall versichere ich, dass ich nicht eindringe, dass ich nichts weitergebe, was nicht gewünscht wird, dass ich imstande bin, alle Beteiligten zu verstehen und wertzuschätzen, dass es hier nicht darum geht, wer recht oder unrecht hat, sondern einzig und allein darum, in Einklang mit der göttlichen Ordnung einen Prozess in die Wege zu leiten, der zum Guten, zum Besseren dienen soll.

Ich mache deutlich, dass ich mich sofort zurückziehen und um Entschuldigung bitten werde für die „Störung", wenn kein Kontakt mit mir gewünscht wird. Wenn diese abwesende Person einem mentalen Gespräch mit mir zustimmt, so geschieht das bei ihr im Unterbewussten, bei mir im Unter- und Oberbewusstsein. Sie kann sich bei mir aussprechen, und ich kann darauf reagieren. In diesem Moment ist sie mein Klient geworden, und wir machen eine „Seelentherapie".

Wie immer gilt für mich auch hier Schweigepflicht. Es sei denn, ich werde ausdrücklich ermächtigt, den Inhalt des Gespräches weiterzugeben. Dies führt gewöhnlich zu Einsichten und dadurch zu mehr Verständnis zwischen den beteiligten Personen. Sie erfahren über mich Dinge voneinander und übereinander, die beiden helfen, auf konstruktive Weise miteinander umzugehen. Dies ist eine Form von Therapie mit Diesseitigen.

Mentaler Kontakt – vorgeburtlich

Eine Überraschung erlebte ich, als ich mit Sally, einer im siebten Monat schwangeren Frau, mentalen Kontakt aufnehmen wollte. Sie suchte mich auf und bat um Rat bezüglich ihrer häuslichen Situation. Der Freund und Vater ihres Kindes heißt Ken.

Ich will Kontakt aufnehmen mit Sally ... da meldet sich das Kind. Es ist unglaublich, wunderbar, mit welchem Nachdruck, mit welcher Intensität und Kraft es seinen Körper, seine Glieder ausbildet. Da ist überhaupt kein Zweifel an seinem Dasein, an seinem Kommen.

Rechter Hals etwas gespannt, es denkt: „Na, dann leg' ich mich mal ein bisschen anders hin, macht ja nix ..." – *Ein Ur-Kind, vital, aufbrechend, und dann wenige Momente später in sich zurückgezogen, versonnen, versunken. (Diese Fähigkeit wird sein Schutz sein, es wird sich taub stellen in den Momenten von großem Schmerz oder in Krisen, dann kann es sich eben „wegbeamen".)*

Trallala, trällert es, ein witzig-putziges Energiebömbchen mit großer Sprengkraft. Dieses Kind ist nicht bestechlich, keiner kann ihm etwas vormachen, seine innere Wahrheit bekommt alles mit. „... Wie fühlst du dich zu deiner Mutter?" frage ich.

„Sie ist schon okay, echt okay, macht sich aber zu viel Sorgen. Wie will sie die denn alleine tragen, die Sorgen um sich und dann noch die, wie ich finde, unnötigen um mich? Finde ich ehrlich gesagt was komisch. Meine Güte, wir leben doch nicht nach dem Motto: Das Leben ist schwer, machen wir's schwerer.

Sie muss den Schalter umdrehen von schwer nach leicht. Ich liebe sie sehr, das ist schon alles in Ordnung. Es ist nur dieses eine, und da kann sie doch was dran tun, finde ich wenigstens. Ich möchte doch hoffen, dass sie was auf mein Wort gibt.

Ich bin schon voll da, war ich immer. Nur zuerst habe ich mich etwas doppeldeutig verhalten, sodass sie nicht genau wusste, ob sie schwanger ist oder nicht. Sie sollte Zeit haben, sich im Hin und Her der Gedanken an mich zu gewöhnen.

Nun bin ich da mit Kraft, Macht und Saft. Mal sehen, ob ich später dichte oder wenigstens reime, eins von beiden, ist ja auch egal, Hauptsache, es macht Spaß. Das ist mein Lebensprinzip. Ich bin das ganze Elend satt!

Mit denen (das Kind meint seine Eltern) will ich Spaß haben. Der Ken ist doch auch ein patenter Bursche. Ich will nicht respektlos wirken, bin es aber doch, aber nur mit Worten. In Wirklichkeit habe ich eine tiefe Zuneigung und Hochachtung für beide. Ich finde, sie passen zusammen. Sie müssen nur einander Kreise nicht stören bzw. nicht versuchen, einander zu beeinflussen.

Sie sollen einander gut sein, aber nicht auf die Füße treten. Es wird schon gehen. Ich bin nicht nur optimistisch, nein, ich fühle die Gewissheit in mir, dass es gut wird mit uns dreien, wenn wir bestimmte Regeln beachten … einander nicht nervös machen, nicht so viel in der Vergangenheit herumgraben, einander fragen, kann ich dir helfen oder kannst du mir helfen?

Ich sage euch jetzt schon, dass ihr mich noch manches Mal fürchterlich wütend sehen werdet. Also seid nicht erschrocken davon, das ist nun mal meine Art. Lasst euch nicht so sehr davon beeindrucken, aber doch so viel, dass ich das Gefühl habe, dass ich eine Wirkung habe – aber lasst euch nicht von mir erpressen.

Ihr habt ja nun mal kaum elterliche Erfahrungen. Hiermit gebe ich euch jetzt schon mal die Gebrauchsanweisung für mich: Lebt jetzt! Heute! Morgen! Wir können ein tolles Team sein!"

Mentale Kontakte mit Jenseitigen

Häufig, wenn jemand stirbt, bleiben Angehörige mit überwältigenden Gefühlen von Trauer, Angst, Hilflosigkeit und Fragen zurück. Wenn dies sehr lange anhält und sich keine Lösung findet, kann das zu ernsten Störungen führen.

Ich sehe meine Aufgabe zweifach: Wenn ein Hinterbliebener mit mir Kontakt aufgenommen hat und mir den Namen sowie das Geburts- oder Todesdatum des/der Verstorbenen mitgeteilt hat, nehme ich Kontakt zu dieser Person auf.

Zuerst erbitte ich die Erlaubnis von „oben". Danach frage ich die Seele selbst, ob sie mich etwas sehen, fühlen, hören oder wissen lässt über sich. In einem oder mehreren mentalen Gespräch(en) bekomme ich Antworten.

Wenn ihr Zustand nicht angenehm ist, versuche ich, sie weiterzubegleiten in eine bessere Sphäre. Die Stationen sind für gewöhnlich Einsicht, Erkenntnis, Bedauern, Verzeihen und um Verzeihung bitten.

Darauf folgt Entspannung, Licht, Liebe, Frieden. Solche Prozesse können Sekunden, sie können aber auch Jahre und Jahrtausende dauern.

Niemand muss ängstlich sein, immer ist Entwicklung, immer ist Verbesserung möglich, wann immer, wo auch immer. Nach jedem Kontakt bedanke ich mich und empfehle diese Person – denn Personen sind sie alle – ihrem persönlichen Schutzengel an.

Wenn der Zustand der betroffenen Seele gut ist, so erfahre ich das als Licht, Liebe, Heiterkeit, Wärme, Humor, Optimismus. Oftmals lachen wir laut und herzhaft miteinander. Manchmal bin ich so angerührt von einer Woge aus Liebe, von einem strahlenden Licht, dass es für mich kaum zu ertragen ist. So viel Glück bin ich nicht gewohnt.

Diese „Erleuchteten" werden dann meine Helfer in und aus der jenseitigen Welt. Auf diese Weise entsteht ein Netzwerk zwischen Himmel und Erde.

Wenn ich den Hinterbliebenen meine Eindrücke mitteile, so bekomme ich dann meistens die Antwort: „Das hatten wir uns schon gedacht" Und in den Gesichtern erscheint das verhaltene Lächeln und in den Augen das stille Leuchten.

Wenn der „Verstorbene" sich nicht in so gutem Zustand befindet, ist meine Aufgabe langwieriger. Der zweite Teil meiner Arbeit ist dem Angehörigen gewidmet, der um Hilfe bittet.

Wieder ist alle Ruhe, alle Wertschätzung, Behutsamkeit und Sanftheit nötig, denn diese Person leidet. Sie mag alle Gedanken aussprechen und alle Gefühle ausdrücken, die da sind, um dadurch hoffentlich Erleichterung zu erfahren.

Wenn ich Botschaften von dem/der Verstorbenen für sie bekommen habe, gebe ich diese weiter, denn auch das kann der Heilung dienen. Oft kommen durch den Verlust eines Menschen (oder Tieres) alle unaufgelösten Lebensprobleme nach oben, die nicht in einer einzigen Zusammenkunft behandelt und gelöst werden können. Der Klient mag dann so oft kommen, bis er selbst sagt: „Ich bin nun in Balance" oder zumindest: „Ich komme zurecht!" Dann ist auch der zweite Teil meiner Arbeit getan.

Nicht ein einziger Jenseitiger, den ich aufsuchte, hat den Kontakt abgelehnt. Manche sind – wenn sie das auch auf der Erde waren – zunächst scheu und zögernd, dann aber sind sie froh, wenn jemand „vorbeikommt", um sich mit ihnen zu unterhalten. Sie freuen sich auch, wenn jemand von der Erde nach ihnen fragt.

Oft können sie auf diesem Wege noch Sorgen oder Kümmernisse und Ratschläge loswerden. Oft sind es Gedanken und Fixierungen, die sie am

Lichterwerden hindern und die nach einer Aussprache aufgehoben, zumindest gemildert werden. Solche **Blockaden** können sein:

- „Ich bin sowieso schlecht."
- „Ich habe versagt."
- „Ich hatte noch Schulden."
- „Ich habe betrogen."
- „Wer sorgt für meine Kinder?"
- „Warum vergessen die Menschen mich so schnell?"
- „Mein Grab ist verkommen."
- „Mein Sohn trinkt zu viel."

Diese Seelen sind oft lange allein, in ihre Grübeleien verstrickt und dankbar, wenn ihnen jemand zuhört, der nicht urteilt. Sie sind nicht aggressiv, sie sind bedrückt. Und genau wie in einer ganz normalen Erdengesprächstherapie sind sie danach etwas erleichtert, etwas zuversichtlicher, schauen nun auf.

Niemals versäume ich, ihnen zu sagen, dass sie sich jederzeit an ihren eigenen Schutzgeist wenden können und dass sie diesen auch bitten können, in Zusammenarbeit mit den Schutzengeln ihrer Angehörigen, die Dinge auf Erden, die nicht gut sind, zum Guten zu wenden.

Nicht ohne meine Tasche

... denn sie wissen nicht, dass sie tot sind ...

Es kommt vor, dass es einem Menschen nicht klar ist, dass er, nach irdischem Gesichtspunkt, gestorben ist. Das kann sich auf unterschiedliche Art und Weise äußern:

- Ein Verunglückter kann an der Unfallstelle bzw. in der Unfallsituation „festsitzen".

- Ein im Rausch oder unter Betäubung Gestorbener kann in Verwirrung und Desorientierung umherirren.

- Jemand, der geistig verwirrt war, kann versuchen, sich in seiner alten Wohnung zurechtzufinden, hilf- und hoffnungslos.

- Ein Trinker kann Kneipen aufsuchen und mittrinken wollen.

- Ein Selbstmörder springt tausendmal aus dem Fenster.

Dies *kann* so sein, es *muss* aber nicht so sein. Ich habe die verschiedensten Wahrnehmungen gehabt. Jeder „Fall" ist anders, so wie jede Person anders war und ist. Jeder hat sein eigenes individuelles Erleben. Eine bestimmte Tat, ein bestimmtes Ereignis hat nicht die gleiche Konsequenz zur Folge. Deshalb kann ich auf die Fragen von Menschen auch nicht antworten: „Was passiert mit jemandem, der ...?" Ich kann vielleicht sagen, was mit ‚Marianne' passiert ist, die ...

Wenn ich einem Menschen begegne, der nicht weiß, dass er nicht mehr auf Erden lebt, so lasse ich mir zunächst einmal zeigen und beschreiben, in welchem Zustand er sich befindet. Ich lasse mir das „erzählen". Dann im Verlauf des Gespräches frage ich vorsichtig, was er nun selbst denkt über seine Situation.

Schonend bringe ich ihm zum Bewusstsein, dass er nun unter anderen Bedingungen als auf der Erde weiterlebt. Wenn das in einer einzigen Zusammenkunft nicht möglich ist, so vereinbaren wir einen weiteren Gesprächstermin. Bei Betäubten muss ich sowieso warten, bis der Rausch verflogen ist.

Bei einer solchen mentalen Begegnung entscheidet sich, ob jemand weiterhin ein erdgebundener Geist bleibt, vielleicht für Jahre, Jahrzehnte oder Jahrhunderte, oder ob er erkennt und akzeptiert, dass er jetzt auf Erden „nichts mehr zu suchen" hat, sich umdreht und sich dem Licht zuwendet, um in die Sphäre einzugehen, in der er zu Hause ist.

Der Hausgeist

Ist hier jemand in meiner Wohnung? Dieses Haus ist hundert Jahre alt. Ich weiß nichts von seinen früheren Bewohnern. Ich spüre eine Unruhe um mich herum, nehme mir Zeit, setze mich hin, schließe die Augen, vertiefe mich. Nichts denken – nichts selbst wollen – nur das Gute – ich sehe mich nun selbst als lichte Wolke durch meine Wohnung streifen. In meiner Küche sehe ich einen „Schattenknubbel" und frage: „Ist hier jemand?" Da formt sich aus dem Schatten ein Gesicht, ein schiefes Gesicht, ein männliches Gesicht. Gesichtslähmung, denke ich. Undeutliche lila Schleifenworte kommen aus dem Mund. Er fragt: „Was soll ich tun, muss ich mein Bündel nehmen und wieder weiter? Ich bin müde und …", er gebraucht einen alten Ausdruck, den ich nicht kenne.

Ich begreife, dass er mit diesem Haus etwas zu tun hat. Er bedeutet mir, dass er eigentlich ein Recht habe, hier in diesem Hause zu wohnen. Er ist unglücklich. Ich frage ihn: „Wo ist denn dein Grab?" „Auf dem Friedhof", sagt er, „aber da habe ich auch nichts verloren." Er ist gutmütig, ein bisschen verwirrt. Nun bekommt er hoffnungsblaue Farbflecken.

Ich frage ihn, was ich für ihn tun könne. Bescheiden fragt er, ob ich hinten in einer Kirche eine Kerze für ihn anstecken wolle, er stottert. „Ja sicher, gern", antworte ich. Im gleichen Moment merke ich, dass er es gern hätte, wenn ich ihm über seinen Kopf streichle, aber das wagt er nicht zu sagen. Ich schicke ihm eine rosa Zärtlichkeit. Er ist friedlich, hat sein Bündel schon genommen. Ich frage ihn, wo er denn nun hinwolle. „Zum Horizont", sagt er, „und dann in den Himmel. Aber eigentlich habe ich ein Recht, hier mitzuwohnen. Ich bin anno … auf gemeine Weise aus diesem Haus vertrieben worden, bevor es renoviert und in kleine Zimmerwohnungen (er kennt das Wort Apartments nicht), aufgeteilt wurde."

„Oh, das tut mir leid", antwortete ich erschrocken. Er fährt fort: „Ich bleibe nicht mehr hier, Ruhe finden kann ich ja hier doch nicht." Dann lacht er: „Ich bin ja nicht dumm, ich gehe in den Himmel!" Nun stottert er nicht mehr. Er richtet sich auf, sein

Buckel wächst gerade. Er sagt zu mir: „Gott hab dich selig." „Danke", antworte ich ihm, „und grüß die Freunde da oben!" Da hebt er ab wie eine Rakete.

(Während des Gesprächs fühlte ich ein Gekribbel und Gekrabbel auf seinem Kopf. Ich vermute, dass er Läuse hatte. So etwas anzusprechen ist absolutes Tabu in einem Seelengespräch. Jede Beschämung, jede Kränkung, ja selbst Besserwisserei von mir würde den Erlösungsprozess hemmen oder sogar verhindern.)

In meiner Praxis werden mir die verschiedensten Fragen gestellt. Ich komme mit den unterschiedlichsten Ereignissen in Berührung. Oft wollen die Fragesteller eine schnelle Lösung des Problems. Oft sind sie auch bereit, an einer spirituellen Lösung mitzuarbeiten, einzusehen, dass ein Problem nicht oberflächlich, sondern auf einer tieferen Ebene erkannt, behandelt und gelöst werden muss.

Eine Frau rief an. Sie sagte, sie könne das Haus, in dem ihre Großmutter früher gewohnt habe, nicht vermieten. Seit dreißig Jahren würde es darin spuken, ob ich den Spuk vertreiben könne. Ich sagte ihr, dass ich nicht viel von Vertreibungen hielte, lieber würde ich einen „Geist" davon überzeugen wollen, dass es besser sei, zu gehen. Wir vereinbarten einen Termin und ich versprach, mich schon „vorab" zu erkundigen, was es mit dem Haus auf sich habe.

Mit der „verstorbenen" Großmutter kam ich leicht ins Gespräch. Sie war eine resolute, aufrichtige Frau. Sie sagte, man habe das Testament verändert, jedenfalls nicht so ausgeführt, wie sie es bestimmt hätte, und sie würde das Haus erst dann verlassen, wenn ihr letzter Wille erfüllt sei.

Wir redeten noch ein bisschen. Schließlich fragte ich sie, ob sie ihrer eigenen Seelenruhe zuliebe nicht besser das Haus verlassen und ins Licht gehen wolle. Ihre Antwort war: „Ich gehe erst dann, wenn sie Recht schaffen!" Sie meinte ihre Verwandten damit.

Ich bereitete mich auf ein längeres Gespräch mit der Enkelin vor, aber diese kam zum vereinbarten Termin nicht.

Cor

Cor ist etwa fünfzigjährig als Obdachloser auf einem Bürgersteig an einem Herzanfall gestorben. Während seines Lebens war er mehr als fünfzig Mal wegen kleiner Ordnungswidrigkeiten inhaftiert.

Ein Jahr nach seinem Tod liegt er noch auf dem Bürgersteig. Er ist bei Bewusstsein. Er klagt, ist aber nicht verbittert. Ich sage zu ihm: „Cor, geh zum Licht." Er fragt: „Was für ein Licht? Ich kenne kein Licht." Damit meint er: „Für mich gibt es kein Licht."

„Doch", sage ich, „Cor, doch! Auch für dich gibt es Licht, dort, wo du jetzt bist. Ich möchte, dass du etwas erfährst. Ich kenne einen Menschen, der hat dich immer geliebt. Du weißt, wen ich meine, und du hast auch eine wunderschöne Tochter, die nach dir gesucht hat, aber sie hat dich nicht gefunden; also hat sie dich auch geliebt! Vergiss das nie!"

Ich fahre fort: „Bleib hier nicht liegen! Auch du wirst geführt werden in ein gelobtes Land. Deine Lippe wird heilen, und deine Beschwerden werden weggehen. Denk nie, dass du schlecht warst. Du warst geprägt durch viele unglückliche Zustände/Umstände. Unglückliche Menschen haben dich unglücklich gemacht.

Und irgendwann fandest du keinen Weg mehr aus dem Unglück. Tut dein Bein noch weh? Es wird besser werden, bald. Du kannst deinen schweren alten Körper verlassen, lass dich weggleiten zu einem guten Haus und zu einem guten weichen Bett in deiner neuen Welt.

Ich weiß, du bist so müde. Du hast oft zu hart geschlafen, nun hast du ein weiches Bett. Schlaf, so lange du willst. Dann gibt es Essen und Trinken, und dann wirst du weitergeleitet in die gute Zeit, die du verdienst, denn du warst auch gut, und du bist gut. Du hattest nur einen großen Fehler: Du hast es nicht geglaubt! – Schlaf schön!"

Alexander

Alexander wurde 1967 geboren und starb 1988. Wenige Monate nach seinem Tod bat seine Mutter mich, ihren Sohn zu besuchen. In dem Kontakt folgte ich ihm Satz für Satz, Gedanke für Gedanke in seine Erlebniswelt. Alexanders Mutter war über diesen Bericht nicht überrascht. Sie war beruhigt und zufrieden, ihren Sohn zunächst einmal auf einem von Engeln bewachten Parkplatz in einem roten Auto schlafend zu wissen.

Seufzen, Luftablassen. „Ich bin nicht tot, ich bin überhaupt nicht tot, lasst mich doch in Ruhe! Ich mache, was ich will!" Alexander hat Unterleibsschmerzen, hustet und schreit. Er sagt: „Man hatte wenig Zeit für mich, und ich hatte später auch keine Zeit für andere." Nun sehe ich ihn als etwa Fünfzehnjährigen. Das bedeutet, dass er mit seinem „Problemteil" mental in diesem Alter stehen-/steckengeblieben ist.

Ständig fühlt er eine starke sexuelle Spannung, erlebt aber keine Spannungsentladung und keine Befriedigung. Er sagt ungehalten: „Nun sitze ich hier ganz alleine damit und weiß nicht, woher und wohin. Mein Leben war sinnlos, mein Ende auch – und das hier allemal. Ich besuche noch Leute auf Erden in der Dämmerung. Da stehe ich an den Fenstern und gucke in die Wohnungen. Das gibt mir wenigstens etwas Gefühl. Wie schnell spielte ich keine Rolle mehr in ihrem Leben."

Nun lichten sich die dunklen Gedankenwolken um ihn etwas, und ich frage ihn, woran er gerade gedacht habe. Die Wolken öffnen sich ein wenig, und es erscheint ein rotes Auto. Wie auf einer Hebebühne senkt es sich zu Alexander herab. Der setzt sich gleich ans Steuer und will den Benzinstand prüfen. Hier ist nun mein Einsatz. Ich sage zu ihm: „Dies ist ein Symbol, ein mentales Auto, mit dem du dich in deiner Welt leicht fortbewegen kannst. Das Benzin hier ist deine geistige Antriebskraft."

Alexander wird müde hinter dem Steuer. Ich rate ihm, auf einem von Engeln bewachten Parkplatz zu parken, bis er ausgeschlafen hat, damit er nicht in düstere Gebiete absackt, denn ich nehme wahr, dass dort schon Wesen warten, die ihm sein rotes Auto abnehmen wollen. Einen Rat gebe ich Alexander noch mit: „Gib acht, gib acht auf dein rotes Auto und achte auf deine Seele!"

Die fünfjährige Tochter

Eine verzweifelte Mutter rief mich an. Ich kannte sie, denn sie war vor Jahren in meiner Sprechstunde gewesen. Nun ging es um ihre fünfjährige Tochter. Diese sei nun schon in der vierten Nacht hintereinander zu Tode erschrocken, laut schreiend aus dem Bett in ihre Arme geflüchtet. Immer wieder habe sie wiederholt: „Mama, das war kein Traum, da war wirklich ein Mann an meinem Bett, der wollte was!"

Ich sagte der Mutter, die ganze Familie möge um Schutz für das Kind bitten, für das Kinderzimmer und die ganze Wohnung. Ich selbst würde auch tun, was ich könnte, um zu helfen.

Ich vertiefte mich und richtete mich auf die Person des männlichen Besuchers. Ich hörte mir seine eigene, unglückliche Geschichte an. In einem früheren Leben war er kastriert worden. Ich sagte ihm, dass ich das als schreckliches Unrecht ansehe, aber dass er, indem er nachts ein kleines Mädchen im Schlaf aufsuchen würde, doch auch keine Befriedigung erführe, dass er auf diese Weise doch auch nicht glücklicher und zufriedener werden könne. Ich riet ihm, seinen Schutz- und Führungsgeist anzurufen und zum Licht zu gehen. Aber ich wusste nicht, ob meine Worte bei ihm angekommen waren.

Am nächsten Morgen rief die Mutter mich wieder an. In dieser Nacht habe die Tochter zum ersten Mal wieder durchgeschlafen. Sie war erleichtert und dankbar. Ich sagte, dass sie immer fortfahren möchten mit ihren Bitten um Schutz, auch ihr Mann, der Vater des Mädchens. Ich hatte wahrgenommen, dass er eine ganz wichtige Rolle spielte in dieser Angelegenheit, denn der Vater ist zuständig für die männlichen Energien im Haus.

Ich hätte gern mit ihm persönlich gesprochen, wagte aber nicht, ihn ein-
zuladen. Ich fürchtete, dass ich dadurch zu sehr eingreifen würde in das
Leben von anderen. Vor allem hatte er mich ja nicht um Hilfe gebeten,
sondern seine Frau. So sind mir oftmals „Hände und Füße" gebunden. In
diesen Fällen kann ich nur auf geistiger Ebene tätig sein und nicht auf
realer. So ist es auch bei den beiden nun folgenden Beispielen.

Kriminalfälle – Mord

Vor einigen Jahren wurde in N. ein junges Mädchen ermordet. Obwohl die Polizei mehrere junge Männer als Tatverdächtige vorübergehend festnahm, konnte doch keiner als Täter dingfest gemacht werden. Deshalb engagierten die Eltern dieses Mädchens einen Detektiv. Dieser rief mich an und fragte mich, ob ich als Paragnostin[2] zu dem Fall etwas sagen könne. Er hätte ein Foto von dem Mann, den er und die Eltern verdächtigen würden. Wir vereinbarten einen Termin, ich sagte auch, dass ich dies als Liebesdienst an dem Mädchen und seiner Familie.

Vorab nahm ich schon Kontakt auf mit dem Täter. Ich sah ihn an einer Straßenkreuzung mit seinem Fahrrad stehen, er trug eine Brille. Er erzählte mir:

„Ich habe diese (hübsche) junge Frau flüchtig gekannt. Ich sah sie auf ihrem Fahrrad ankommen und hielt sie an. Ich fragte sie, ob sie mit mir im nahe gelegenen Weiher schwimmen gehen wolle. Sie stimmte zu, so fuhren wir dorthin. Ich selbst stand unter dem Einfluss von Soft-Drugs, Marihuana oder Haschisch.

Wir schwammen, und als sie aus dem Wasser stieg, packte mich ein ungeheures Verlangen nach ihr. Sie lief einige Schritte, wollte zu ihren Sachen, die im Gebüsch lagen. Ich folgte ihr, packte sie von hinten und warf sie zu Boden. Dann stand ich über ihr."

In diesem Moment sah ich den Mann über mir stehen. Ich sah ihn also durch die Augen des Mädchens. Ich erlebte alle Angst und Panik, die sie erlebt haben muss. Dann fühlte ich, wie sich der Mann auf sie warf und würgte. Der letzte Gedanke des Mädchens galt seinen Eltern.

---

[2] Para (griechisch) – bei, neben, über, hinaus. Gnosis (griechisch) – Erkenntnis. Paragnosie – Hellsehen.

Der Täter fuhr fort: „Nun erst habe ich begriffen, was passiert ist. Mit einem Schlag war ich ganz nüchtern. Ich versteckte das Mädchen im Gebüsch. In der Nacht brachte ich sie samt ihrem Fahrrad mit dem Auto an eine andere Stelle in einem abgelegenen Waldstück. Es war ein Mord aus Versehen. Ich habe das nie gewollt. Ich möchte auch gerne meine Schuld bekennen. Ich möchte einen fairen Prozess und meine Strafe absitzen. Danach möchte ich von der Gesellschaft eine Chance für ein neues Leben."

Ich fragte ihn, was ihn denn hindern würde, Selbstanzeige zu erstatten. Er antwortete: „Wenn so jemand wie Sie mitgehen, mich durch den Prozess und in der anschließenden Haft begleiten würde, dann könnte ich es. So aber habe ich zu viel Angst vor einer möglichen Misshandlung durch Polizisten und Gefängnisbedienstete, vor den Schmähungen durch Menschen und vor einem unfairen Prozess. Am meisten Angst aber habe ich, dass die Menschen, wenn ich erst mal den Mord bekenne, mir nie, nie wieder eine Chance für ein normales Leben geben werden."

Von dem Mädchen nahm ich wahr, dass es sich im Licht und in guter Verfassung befand. Es bedauerte, dass es so leichtsinnig die Einladung zum Baden angenommen hatte und dass es seinen Eltern so viel Leid und Schmerz bereitet hatte. Die Sorge galt vor allem dem Vater, der in den Jahren seit ihrem Tod zunehmend depressiv geworden war.

Der Detektiv kam zum vereinbarten Zeitpunkt. Ich hatte ihm gesagt, er könne sechs verschlossene Umschläge mitbringen, in denen verschiedene Fotos seien, die ich dann durch den Umschlag hindurch „lesen" würde. Das heißt, ich würde meine Wahrnehmungen zu jedem Foto mitteilen. Statt der vereinbarten sechs hatte er zwölf Umschläge mitgebracht.

Die Fotoauswahl hatte die Mutter des betroffenen Mädchens getroffen. Ich erklärte dem Mann, wie sehr ich jedes Mal mental und emotional beteiligt und betroffen sei, und dass es nicht zuträglich sei für mich, so viele Fotos hintereinander zu lesen. Daraufhin traf er selbst eine Auswahl von sechs Bildern. Die Umschläge waren nummeriert.

Ich nahm sie nacheinander in die Hand und beschrieb meine Wahrnehmungen. Bei dem ersten Bild fühlte ich keine Resonanz. Wie sich später herausstellte, waren hierauf Nachbarskinder abgebildet.

Auf dem nächsten Foto fühlte ich Licht, Liebe, Frieden ruhen. Genau die Qualitäten, die ich schon vorher von dem Mädchen, das zum Opfer geworden war, bemerkt hatte. Beim Öffnen des Umschlages war die Familie auf dem Foto zu sehen, Mutter, Vater und es selbst. Das nächste Foto löste nichts in mir aus, wohl das nun folgende.

Nochmals erlebte ich den Tathergang, nun noch deutlicher als beim ersten Schauen. Auf dem Foto war das junge Mädchen abgebildet, wenige Wochen vor seinem Tod. Die beiden folgenden Umschläge wiederum lösten keine Reaktionen in mir aus. Der Detektiv zeigte mir eines davon.

Dies sei der Mann, den sie – er und die Eltern – seit zwei Jahren verdächtigen und beschatten würden. Sie benötigten nur noch mehr Beweise. Ich hätte doch auch gesagt, dass der Täter eine Brille trüge und in einem Wohnblock im dritten Stock wohnen würde.

Außerdem hätte ich den ganzen Tathergang genauso geschildert, wie er, die Eltern des Mädchens und die Polizei ihn rekonstruiert hätten, ohne dass ich irgend etwas aus der Zeitung hätte wissen können.

Ich machte nachdrücklich deutlich, dass ich bei meiner Fotoprobe keinerlei Bilder oder Empfindungen bekommen hätte, die auf eine mögliche Täterschaft dieses jungen Mannes hinweisen würden. Ich könnte seine Auffassung also nicht unterstützen. Der Detektiv bedankte sich für die eindrucksvolle Sitzung bei mir und verabschiedete sich.

Wenige Tage später schickte er mir ein Gesprächsprotokoll. Es war bestimmt für die Eltern des Mädchens. Darin wurde behauptet, dass auch ich die Vermutung hätte, dass es sich bei ihrer „Verdachtsperson" um den Täter handele.

Aufgebracht und wütend teilte ich dem Detektiv und den Eltern des Mädchens mit, dass ich dies niemals geäußert hätte, ich mich missbraucht und manipuliert fühlte und mit der Sache –Täterverfolgung und Täterergreifung – nichts zu tun haben wolle. Ich würde aber gerne, wenn die Eltern diesen Wunsch haben sollten, mich mit ihnen zu einem persönlichen Gespräch treffen.

Aus diesem „Fall" habe ich viel gelernt, zum Beispiel, dass Menschen nach ihrer Ermordung nicht (immer) lange leiden müssen, dass sie ganz bald schon vergebungsbereit sein können, dass die Hauptsorge nicht ihrem eigenen Schicksal, sondern dem ihrer Eltern und Angehörigen gelten kann.

Ich habe gelernt, dass im Grunde jeder Täter will, dass die Wahrheit herauskommt, dass er sühnen will. Dies sollten sich auch Rechtsanwälte und Gerichte einmal klarmachen.

Der Seele eines Schuldigen hilft kein Freispruch. Im Gegenteil, vielleicht muss er dann noch andere, noch schlimmere Taten begehen, um endlich bestraft zu werden.

Was den Detektiv betrifft, so muss ich lernen – bevor ich mich auf Weiteres einlasse –, die wahren Motive zu ergründen und im Zweifelsfalle direkt eine Bitte um ein Gespräch zurückweisen.

Was mich selbst betrifft, so bemerkte ich, dass ich mich während der Tatszene mit dem Opfer identifizierte. Das sagt mir, dass ich selbst in irgendeiner Inkarnation ein vergleichbares Erlebnis hatte, welches ich noch auflösen muss. Wenn ich Visionen habe, sollte ich Zuschauerin sein und bleiben und nicht Täter oder Opfer werden.

Es wird immer dann schwierig, wenn irdische und geistliche Interessen einander überlappen. Ich habe festgestellt, dass ich nicht zwei oder gar noch mehr Herren dienen kann. Darum habe ich ganz Abstand genommen vom Identifizieren und Aufspüren von Tätern in der kriminellen

Welt. Ich bin zuständig für Seelen, gleich in welcher Rolle sie sich in diesem Leben gerade befinden.

Wenn durch meine Aussagen ein Täterprofil erstellt würde, wenn die Polizei ihn daraufhin festnehmen könnte, dann wäre es meine Verantwortlichkeit, diese Person bis zur seelischen Heilung zu begleiten.

Aber nicht nur diesen Menschen, sondern auch alle anderen, die in irgendeiner Weise mit der Angelegenheit zu tun haben oder hatten. Zum Beispiel die Familie des Täters, das Opfer und dessen Familie, die Polizisten, Rechtsanwälte, Staatsanwälte, Richter, die Justizvollzugsbeamten etc.

Dies kann ich nicht leisten, zumal keiner der hier angegebenen mich darum gebeten hat, auch jeder sich auf einem anderen Bewusstseinsniveau befindet und in seiner Rolle seine eigenen Interessen verfolgt. So könnte kein Heilungsgeschehen stattfinden.

Auch könnte durch die Identifizierung eines Täters neues Unheil geschaffen werden. Wenn zum Beispiel Blutrache ausgeübt würde, hätten wir eine neue Leiche und einen weiteren Mörder. Die nächste Runde des Kampfes würde eingeleitet.

Wenn „herauskäme", und herauskommen kann es immer, dass ich Tipps zur Ergreifung des Täters gegeben hätte, könnte ich zur Zielscheibe und zum Opfer eines Verbrechens werden (so etwas ist in der Vergangenheit vorgekommen).

Damit hätte ich meine (Lebens-)Aufgabe absolut verfehlt. So habe ich nur eine einzige Wahl, mich bei bestimmten Vorkommnissen nicht auf der Realitätsebene einzumischen, selbst die Gesetze dieser Erde zu respektieren und Täter und Opfer der irdischen Gerechtigkeit oder Ungerechtigkeit zu überlassen. Wohl kann ich jeden von ihnen auf dem Erkenntniswege mental begleiten.

Bevor ich zu diesen Einsichten kam, geschah Folgendes: Von dem Vorsitzenden einer Paragnostenvereinigung wurde ich gefragt, ob ich an der Erstellung von Täterprofilen von Gewaltverbrechern mitarbeiten möchte. Es handele sich dabei um Kriminalfälle, bei denen die Polizei nicht weiterkomme.

Unabhängig voneinander würden zwölf Paragnosten (= Hellseher) ihre Wahrnehmungen bezüglich des Verbrechens niederlegen. Diese würden miteinander verglichen, und aus den Übereinstimmungen sollten dann in Zusammenarbeit mit Polizeipsychologen Merkmale des Täters für einen Steckbrief herausgefiltert werden, vielleicht auch für eine Phantomzeichnung.

Zur Probe bekam ich ein gemaltes Kinderportrait überreicht. Das Bild zeigte ein kleines, dunkelhaariges Mädchen. Im gleichen Moment wurde ich von dem Erlebnis des Todeskampfes überfallen, den das hier abgebildete Kind durchgemacht hatte. Schnell legte ich das Bild aus der Hand und beschrieb, was ich sah und fühlte. Ich sah einen Täter mit einer Maske. Es handelte sich um eine Art rituellen Mord, und ich fühlte die Panik und die grauenhaften Qualen des Kindes.

Den ganzen Tag stand ich unter diesem Eindruck. Als ich „zufällig" bei einer Polizeistation vorbeikam, hing dort das Foto des Mädchens im Fenster, abgedruckt auf einem Aufruf, Hinweise über den möglichen Täter zu geben. Dafür wurde eine Belohnung ausgesetzt.

An den darauffolgenden Tagen kamen noch viele Informationen „nach", sowohl von dem kleinen Mädchen als auch vom Täter. Nun, sechs Wochen nach der Tat, weinte das Kind noch immer nach seiner Mutter. Ich sagte ihm, es möge sich seinem Schutzengel anvertrauen, aber es antwortete mir: *„Ich kann keinem mehr vertrauen, ich will zu meiner Mama, mach du, dass der Mann nicht mehr immer … "*

Ich suchte den Täter auf, er gab mir Einblick in seine Ideenwelt. Er sei davon überzeugt gewesen, dass er diesen Mord begehen müsse, er hätte in höherem Auftrag gehandelt. Ich glaubte, seinen Vornamen zu hören. Ich glaubte zu sehen, dass er nur wenige Kilometer von seinem Opfer entfernt wohnte. Ich sah ihn in seinem Wohnzimmer auf dem Sofa liegen, rauchend und Bier trinkend. Immer wieder bat ich, ja, flehte ihn an, doch nie wieder so etwas zu tun. Auch bat ich ihn, sich freiwillig der Polizei zu stellen, wenn Wiederholungsgefahr bestehe. Hierzu wollte er sich nicht äußern. Vielleicht war er das Opfer von Besessenheit. Auf jeden Fall war er das Opfer eines fürchterlichen Irrtums. Das ließ ich ihn wissen.

In der Nacht wachte ich auf und sah einen großen Schatten vor meinem Bett stehen. Ich erschrak „zu Tode" und assoziierte die Gestalt sofort mit „meinem Mörder". Voll Panik bat ich ihn, augenblicklich mein Zimmer zu verlassen und nie wiederzukommen. Er entsprach sofort meiner Bitte.

Am nächsten Tag erklärte ich ihm, dass ich so viel Angst gehabt hätte, dass er meine Bitte, nicht wiederzukommen, verstehen müsse, ich ihn aber von Zeit zu Zeit aufsuchen werde, um nach ihm zu schauen. Dass ich ihn auch fragen werde, ob zurzeit Wiederholungsgefahr bestehe.

Jedes Mal, wenn ich ihn „sehe", erkläre ich ihm, dass seine Tat ein Vergehen, ein Irrtum war und dass keine höhere Macht das Töten von ihm verlangen könne. Im Gegenteil, eine Macht, die wirklich hoch wäre, würde ihn zu guten Dingen anleiten und ermutigen.

Ich bin froh und dankbar, dass ich bis heute von keinem Fall hören oder lesen musste, der darauf schließen ließe, dass es sich in diesem neuen Fall um den gleichen Täter handelt.

An den Leiter der Paragnostenvereinigung schrieb ich einen Brief. Ich teilte mit, dass ich nicht bei ihnen mitarbeiten möchte.

... immer noch und immer wieder bitte ich die „Höheren" darum, dass sie dem kleinen Mädchen und seinem Mörder Licht, Trost und Einsicht schenken ...

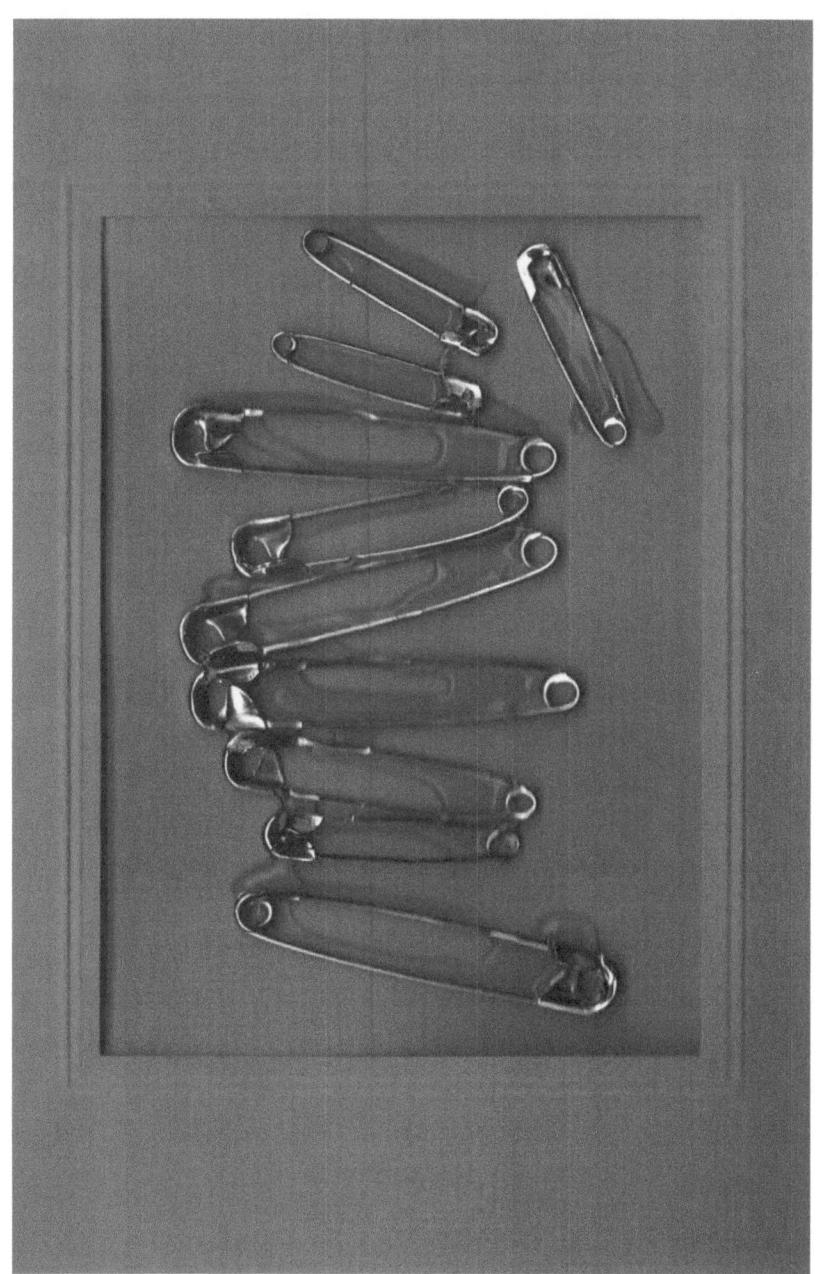

Was man für einen Verstorben tun kann, und was man nicht tun sollte

Es ist nicht für jeden möglich, nötig oder sinnvoll, den soeben beschriebenen Weg der Hilfe zu wählen. Aber jeder kann einen guten Gedanken in diese andere Welt schicken – und dieser hat unmittelbare Wirkung. Er bringt Trost, Hoffnung, Licht. Jeder kann bitten, auch für diejenigen, an die niemand mehr denkt (oder denken will), die Verlassensten also.

Mit dem Kerzenanzünden für Verstorbene in der eigenen Wohnung bin ich vorsichtig. Wenn eine bestimmte Seele noch nicht weise ist, könnte sie das als Kontaktangebot und als Einladung zu längerem Verweilen auffassen. Deshalb stecke ich lieber Kerzen an einem anderen Ort an, zum Beispiel an einer speziellen Gedenkstätte, in einem Meditationsraum oder in einer Kirche.

Dringend rate ich ab von allen spiritistischen Methoden, die nicht dazu dienen, in strukturierter Weise Seelen zum Licht zu begleiten. Es werden dabei irgendwelche Geister gerufen, die dicht an der Erde leben. Sie können durch Seancen ermutigt werden, dort zu bleiben, da sie ja nun Aufmerksamkeit und Interesse gefunden haben. Denn Interesse bedeutet wörtlich, „in etwas sein". Sie können dann, wenn sie nicht wieder gehen, sich von der psychischen Substanz des Spiritisten ernähren und noch andere Dinge tun. Dies will ich nicht weiter ausführen.

Mir ist aufgefallen, dass bei bloßer Namensnennung negativer Wesen diese jedes Mal erneut angeregt werden, aktiv zu werden und Einfluss zu nehmen. Deshalb bin ich dazu übergegangen, Umschreibungen oder Abkürzungen zu benutzen.

Ich möchte nicht durch Reden oder Schreiben deren Macht bestätigen und festigen. Zudem lenke ich dadurch ungewünschte Aufmerksamkeit auf mich.

Ich darf mich mit „dieser Materie" ausschließlich in heilender oder (be)lehrender Absicht als Wegweiserin für andere Suchende befassen – oder eben überhaupt nicht.

Geistführer

Geistführer sind Wesen, die früher Menschen waren. Unser persönlicher Geistführer war schon in einem oder vielen Leben persönlich mit uns bekannt und tief verbunden. Er hat sich entwickelt und steht uns von der anderen Seite aus bei.

Er inkarniert nicht mehr, ist aber absolut interessiert und beteiligt bei allem, was wir tun und lassen. Mit Sicherheit treffen wir ihn nach unseren verschiedenen Toden in den Sphären. Auch dort unterrichtet und unterstützt er uns.

Dann gibt es noch Seelen, die im Leben Verwandte oder Bekannte von uns waren. Sie können nach ihrem Ableben noch eine kürzere oder längere „Zeit" um uns herum sein. Abhängig von ihrem Entwicklungsstand sind sie mehr oder weniger hilfreich für uns. Sie werden irdisch inkarnieren und ihren Weg hier auf diesem Planeten fortsetzen.

Darüber hinaus gibt es Seelen, die wir nicht „persönlich" gekannt, die aber eine besondere Resonanz mit uns haben – sei es, dass sie uns helfen möchten und das auch können; sei es, dass sie Hilfe von uns möchten.

So ist also auch in diesem Bereich, wie in allen Bereichen der spirituellen Gebiete, Differenzierung nötig und Verallgemeinerung nicht angebracht. Viele Menschen erzählen mir von ihren Geistführern, von ihrem Dual oder von ihren Engeln. Da fallen berühmte, bekannte Namen.

Das weckt bohrende Eifersucht in mir – wieso die, wieso ich nicht. Sind diese Menschen etwa begnadeter, besser als ich? Ich will auch meinen persönlichen Engel, nicht nur einen Unter-, Hilfs- oder Standardengel.

Nein, ich will auch einen ganz besonderen, einen v.i.a. sozusagen ... (very important angel) oder einen v.i.g. (very important guide). Ich bitte um ein Bild, einen Hinweis. Eigentlich bitte ich nicht, eigentlich fordere ich.

... roter Samt, ein weiter Mantel, eine Pelerine, spitze Schuhe, irgendwie höfisch diese Figur. Nein, denke ich entschieden, so etwas mag ich nicht, habe ich nie gemocht. So etwas entspricht nicht meiner Auffassung, meinem Lebensstil. So etwas lehne ich ab. Diese Erscheinung hier ist auch nicht strahlend überirdisch, nicht einmal originär. Der da vor mir steht, hat offenbar meine Gedanken gesehen und antwortet: „Es kann ja nicht jeder Geistführer ein Indianer sein."

„Danke für die Belehrung", sage ich bissig. Da verändert er seine Farbe nach dunkelrot und zieht sich in sich selbst zusammen. Er überlegt, ob er weggehen soll. Ich fahre fort: „Du bist doch einer von den Reichen, ein Angeber, ein Charmeur, ein Chauvi halt." Er lächelt milde und antwortet: „Ich bin dein Spiegel, erkenne in mir, was du in dir erkennst." Nun fällt mir sein Name ein, er heißt Don Jaime.

Dann auf einmal bin ich vier oder fünf Jahre alt und stehe im Garten meines Elternhauses. Damals habe ich ihn auch schon getroffen, erinnere ich mich. Er steht vor mir in seinem roten Mantel. Ich habe Angst. Ich habe Angst vor allen Männern.

Deshalb sage ich: „Hoher Herr, ich will Sie nicht sehen." Verstehend sagt er: „Bei so viel Angst von dir kann ich nichts ausrichten, aber vielleicht hilft dir dieses ..." Er verändert sich in einen alten Mann, der einfache Kleidung trägt. Ich bemerke, dass er sich mit beiden Händen auf seinen Gehstock stützt.

„Kannst du besser mit mir umgehen, wenn ich so bin?" „Nein", antworte ich. Da verändert er sich in ein Baby. Nun werde ich zutraulich und habe keine Angst mehr. „Danke", sage ich zu Don Jaime, „du bist mir entgegengekommen, indem du verschiedene Erscheinungsformen angenommen hast, um mir die Angst zu nehmen, um mir die Augen zu öffnen. Nun kann ich mir ansehen, was ich alles von dir lernen kann."

„So ist es", antwortet Don Jaime und lächelt.

Engel

Engel sind eine eigene Schöpfung. Sie haben nie einen menschlichen Körper bewohnt. Sie haben bestimmte, unterschiedliche Aufgabenbereiche.

Früher dachte ich, dass ich alles alleine tun und alle Bürden alleine tragen müsse. Damals trug ich, besonders in Krisensituationen von Angehörigen und Klienten, bleischwere Verantwortlichkeiten und Lasten. Das veränderte sich, als ich begann, die Engel um Hilfe anzurufen.

Engel gibt es in allen Kulturen. Sie bedeuten eine Liebeserfahrung. Es gibt die Engel der Not, der Einsamkeit, der Verwirrung, der Enttäuschung. Es gibt sie, die Engel der Arbeit, des Schlafes, der Befruchtung und der Geburt, des Todes und der Auferstehung.

Immer und überall können wir mit ihnen zusammenarbeiten. Sie sind nicht begrenzt durch Zeit und Raum, sie bestimmen nicht über uns, sie zwingen zu nichts, sie warten nicht einmal, denn das würde ja bedeuten, dass sie etwas wollen, worauf sie warten. Sie sind einfach nur da.

Diese Geschöpfe verdienen alle Ehre, alles Interesse und allen Dank. Sie treten **nur** dann „in Aktion", wenn wir sie rufen. Sie treten **immer** dann „in Aktion", wenn wir sie rufen. Ich sehe die Engel nicht in vollem Glanz und in voller Glorie, dann würde ich sofort auf den Boden fallen.

Ich nehme sie wahr in gedämpfter Form, in gedämpftem Licht, sozusagen. Zwischen ihnen und mir liegen Dimensionen. Doch sind sie immer bereit, sich für mich hinunterzugestalten. Sie transformieren sich auf meine Ebene „hinab", sodass wir dann miteinander kommunizieren können.

Ich habe aufgehört, herausfinden zu wollen, welche Engel aus welcher Hierarchie im Einzelfall oder überhaupt tätig werden. Es ist auch nicht nötig, das zu wissen. Wir Menschen sind doch häufig verhaftet im Stufenleiterdenken. Wir müssen es nicht (auch noch) auf die Himmlischen anwenden.

Es genügt, Gott, seine heiligen Engel und alle Wesen, die guten Willens sind, zu bitten (bei welchem Vorhaben auch immer). Dann werden sich die Richtigen schon angesprochen fühlen und in Aktion treten.

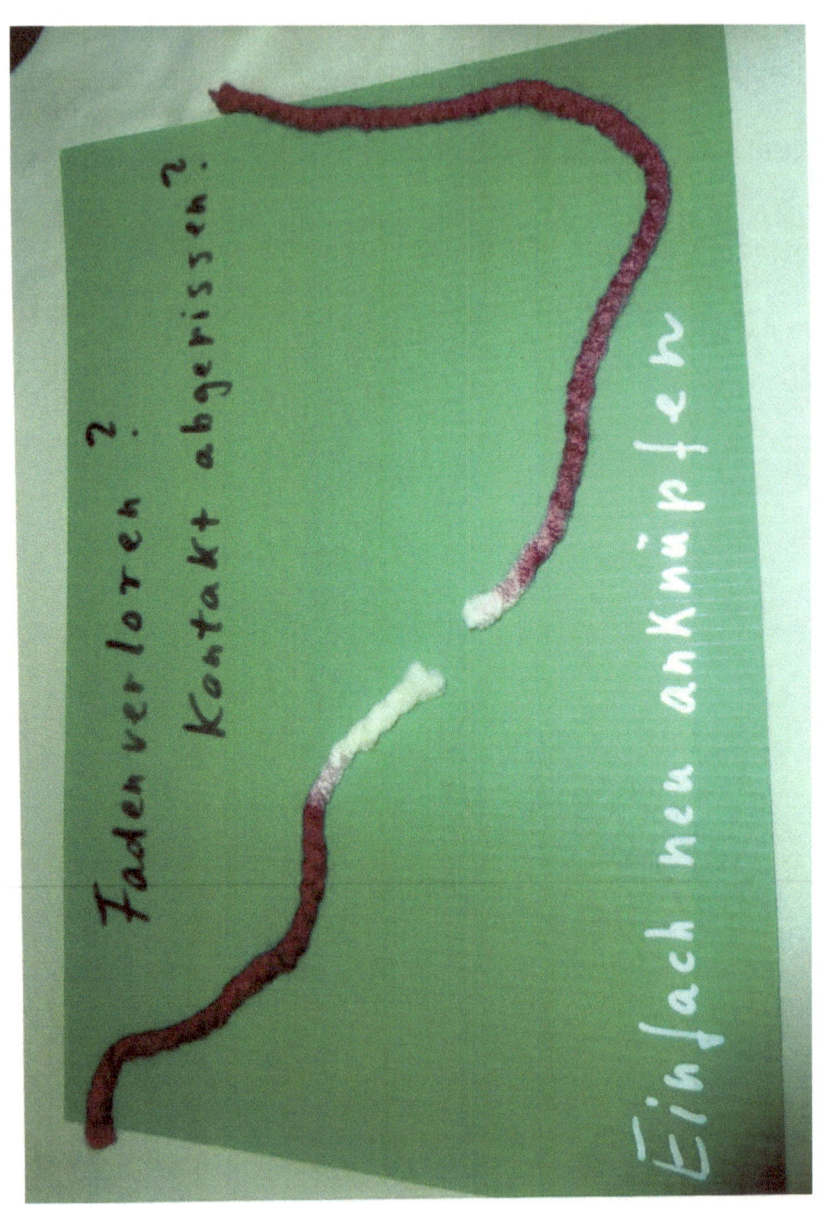

Sphären – die andere Seite

Wenn Menschen sich das Jenseits vorstellen, so denken sie meistens, dass dort alles „ganz anders als hier" sei. Dabei sind die Sphären, in die der „normale" Erdenbürger nach seinem Ableben eingeht, absolut und unglaublich erdähnlich.

Ich selbst war bei meinen ersten Ausflügen in die andere Welt schockiert darüber, dass diese „andere Welt" so anders gar nicht war. Stärkste Zweifel über meine eigenen Wahrnehmungen kamen in mir auf. Ich dachte, so simpel, so banal kann das doch gar nicht sein. So stellen sich (nur) kleine Kinder den Himmel, die Hölle und das Fegefeuer vor.

Später sah ich (ein), dass die Erscheinungsformen nicht banal, sondern einfach, logisch und konsequent waren. Was ich sah und wahrnahm, war die Fortsetzung des irdischen Lebens und Denkens in der jenseitigen Welt.

Ich hätte das Ganze am liebsten schnell wieder vergessen oder als Ausdruck meiner kindlichen Phantasie abgetan. Ich mochte mein Denkmuster und meine Erwartungshaltung nicht ändern. Ich hatte erwartet, dass nach meinem Tode etwas Unglaubliches, Großartiges, Gewaltiges, Absolutes passieren würde. Was, wusste ich selbst nicht.

Auf jeden Fall erwartete ich einen total anderen Zustand. Auf keinen Fall hatte ich erwartet, dass das Leben dort drüben im Prinzip die Fortsetzung des Erdenlebens ist. Da musste ich umlernen, umdenken.

Alle Dinge, Gegenstände und Zustände, die wir auf dieser Erde finden, treffen wir auch im Jenseits an. Alles, was die Erde an Schönheit besitzt, ist in den himmlischen Sphären prächtiger, farbiger, leuchtender, formenreicher, wunderbarer, und jedes „Ding" ist der Ausdruck von Freude und Harmonie, von Liebe und Herrlichkeit.

Es fällt schwer, zu begreifen, dass es in der geistigen Welt, in den höheren Sphären, alle Seligkeit gibt – und andererseits alle Qualen und Quälereien in den niederen Sphären. Alles, was die Erde an Hässlichkeit und Gemeinheit besitzt, hat im Jenseits seine Entsprechung, drückt sich dort aus in Dunkelheit, Schmutz, Hass und Gegenhass.

Dieses Kapitel will Sie informieren über „alle möglichen Zustände" in der anderen Welt. Es kann helfen, aus Entwicklungen, die andere gemacht haben, zu lernen, sodass Sie Ihren eigenen Standpunkt deutlicher erkennen und Ihren eigenen Kurs bestimmen können.

Es will Ihnen Mut, Zuversicht und Kraft geben. Vollkommenheit und Perfektion auf dem geistigen Wege gibt es nicht. Sie werden von der geistigen Welt auch nicht verlangt.

Gefragt sind der gute Wille, die gute Absicht, denn in der mentalen Welt sind Absicht und Wille schon die Tatsache, das Ergebnis, das Resultat. Menschliches Versagen „macht nichts aus".

Ich habe Seelen auf der anderen Seite besucht, die hier auf Erden ein recht unvollkommenes Leben geführt haben und die sofort oder ganz bald nach ihrem irdischen Tode erlöst und glücklich waren. Nicht, weil sie „Großes vollbracht" hatten, was immer das sein soll, sondern weil sie wohlmeinend, vergebungsgesinnt und friedensbereit waren.

Durch das Lesen über die Sphären und der Interviews „Mentale Kontakte mit Jenseitigen" können Sie sich langsam einfühlen in die andere Realität.

Sie können sich jetzt schon von hier aus mit ihr vertraut, sich sozusagen jenseitskundig machen. Wenn Sie beide Welten kennen, wird Ihnen dort drüben alles bekannt vorkommen. Der Abschied von dieser Welt kann leicht(er) sein.

Das Ideale ist, in beiden Welten zu Hause zu sein, in beiden Welten Freunde, Verwandte, Heimat zu haben. Nach dem Verlassen des Körpers, nach der Fahrt durch den Tunnel, nach der Begrüßung durch Familienangehörige, Freunde oder Bekannte aus der letzten oder einer früheren Inkarnation wird die Seele angezogen von der Schwingung, zu der sie passt, zu der sie gehört; also von der gleichen Schwingung, aus der sie selbst besteht.

Wir werden dort aufgenommen, wo wir hingehören und machen dort unsere Weiterentwicklung und/oder wir inkarnieren wieder auf der Erde. Wenn wir uns einmal ein Gedankenkonstrukt machen, so sagen wir nun, dass es jenseitige Sphären gibt von **Minus 3** bis **Plus 3**.

Ich möchte gern die Bezeichnung „höher" und „niedriger" vermeiden, doch ist dies nicht möglich, wenn ich Dinge erklären will. Bitte, nehmen Sie diese Ausdrücke nicht als Bewertungen.

Innerhalb der Sphären können wir nicht aus eigener Kraft aufsteigen in eine höhere Ebene. Dann müsste uns schon ein Erleuchteter für einen Besuch dort mitnehmen. Vielleicht, um durch das Erlebnis von Schönheit und Harmonie dort einen Anreiz zu bekommen, nun selbst nach mehr Glück zu streben.

Wohl können wir niedrigere Ebenen besuchen, um dort Leute zu treffen, um dann wieder zurückzukehren zu der eigenen Gruppe. Das Prinzip ist: Das Höhere hilft immer dem Niedrigeren.

In der Welt dort drüben leben die Menschen allein, als Paare oder in Gruppen, eingeteilt nach Reifegraden. Hier auf dieser Erde herrscht eine andere Ordnung. Hier finden wir auf dem gleichen Planeten und zur gleichen Zeit Menschen mit den verschiedensten Schwingungen. Das macht das Hiersein so verwirrend und schwierig, bietet aber auch enorme Chancen zum Lernen.

Hier erleben wir höllenartige und daneben himmlische Zustände. Wie schon gesagt, ist das Leben in den Minussphären gekennzeichnet von Kälte und Misstrauen in **Minus 1** über Beleidigungen und Feindseligkeiten in **Minus 2** bis hin zu pausenlosem Mord und Totschlag in **Minus 3**, wobei keiner stirbt, schließlich ist man ja schon tot. Es ist die unaufhörliche, darum ewig erscheinende Wiederholung der grauenvollsten Szenen.

Wenn ich eine Person in einer solchen Sphäre besuche, so muss ich aufpassen, dass ich nicht selbst überfallen und angesprungen werde.

Bevor wir inhaltlich auf die Ursachen dieses Chaos eingehen, muss eine Vereinbarung für ein geordnetes Gespräch getroffen werden. Nur wenn die Spielregeln eingehalten werden, kann die Seele zur Besinnung, zur Einsicht und von dort aus vielleicht zu Reue und Wiedergutmachung kommen.

Und wenn dieser Moment, dieser Zustand erreicht ist, dann ist das Aufsteigen in die höhere Sphäre nicht weit, das heißt, sie vollzieht sich direkt vor meinen Augen.

In dieser mentalen Seelentherapie wird der Lebensfilm einer Person sozusagen noch einmal zurückgespult, bis wir an die Schaltstellen kommen, an denen sie im Leben etwas anders hätte machen müssen.

Ich habe zum Beispiel einmal einen jungen Mann besucht, der ein halbes Jahr vorher in London erschossen wurde. Selten hatte ich einen lustigeren „Klienten". Und ich fragte mich, wieso musste dieser Junge erschossen werden, wenn seine Seele doch so fröhlich und frei war?

Da sah ich, dass er Monate vor seinem Tod aus dem Drogenmilieu ausgestiegen war. Er hatte sich auf den geistigen Weg begeben, aber er war nicht aus dem Stadtteil weggezogen, das heißt, er war nur geistig und nicht körperlich „ausgestiegen". So konnte sein Körper noch Zielscheibe der Drogenmafia werden.

Diese Information, diese Korrektur nahm er nun mit in die nächste Empfängnis, in die nächste Geburt, in das nächste Leben hinein, um sie in gleicher Situation abrufen zu können. Denn mit Sicherheit wird eine gleiche Situation in einem späteren Leben auf ihn zukommen.

Das Schwerste für mich ist, wenn ich eine Person in den Minussphären viele Jahre lang immer wieder besuche und sie sich immer noch im gleichen Gedanken, in der gleichen Handlung befindet. Sie ist dann in der eigenen Tat gefangen, und mein Erscheinen kann zu der Zeit nichts ausrichten, nichts verändern.

Ihr eigener Wille bestimmt, was geschieht. Ich habe nichts zu wollen. Erst wenn sie selbst aus dem Automatismus aussteigt, kann ich sie zum Licht begleiten.

Wenn ich die Person in unveränderter Position zurücklasse(n muss), empfehle ich sie immer ihrem Schutzengel an.

In den jenseitigen Plussphären besteht ein Miteinander. Deshalb wird auch das sogenannte Gute überleben, weil es ein liebendes WIR bildet. Es wird alles andere überdauern.

Die Minussphären dagegen kennen keine Partnerschaft. Sie kennen nur Untertanen, Nebenbuhler oder Bundesgenossen. Das gemeinsame Ziel ist die schlechte Absicht. Sie sind pausenlos aus auf Kampf, Krieg und Eifersucht.

Auch Dämonen und Teufel sind (meiner Meinung nach) auf dem Wege in die Einheit. Wenn sie nach ewigen Kämpfen immer noch nicht befriedigt und befriedet sind, immer noch die Einsamkeit des Bösen und der Bösen fühlen, wenn sie lange genug „die Isolation" der Hölle erlebt haben, dann, denke ich, werden auch sie einsichtig und machen sich auf den langen Weg zurück in die Einheit. Dabei durchlaufen sie die Minussphären bis in die Plusgebiete.

Und was ist mit jenen, die am schwersten belastet sind, mit den Berüchtigten und Berühmten der Weltgeschichte, die unheilvollste Rollen gespielt haben? Sie waren Symbol für den spirituellen Zustand einzelner Völker oder Gruppen. In gewissem Sinne haben die Völker sie gebraucht, und sie haben diese gebraucht: Man hat einander missbraucht. Sie haben zuerst als Projektionsfiguren und später nach dem Zusammenbruch des Systems als Schuldträger gedient.

Auch ihre Geschichte muss zurückgespult werden, bis der dem Verbrechen zugrunde liegende Gedanke, der destruktive Impuls wiedergefunden wird, bis er korrigiert, bereut und wieder gutgemacht wird.

Plus 1 ist die erste Lichtsphäre. Wir erleben hier wohl Isolation, weil die Seele sich noch nicht für sich und andere geöffnet hat, aber das beginnt hier nun langsam.

Wir erleben den Zustand als grau und sind noch viel befasst mit Grübeleien über Vergangenes. Die Seele hier verschafft sich häufig Gedankengebäude – dies ist wörtlich zu verstehen –, in denen sie dann lebt oder eine Weile zu leben versucht. Sie hat noch kein soziales Verhalten gelernt, ist aber nicht feindselig.

In **Plus 2** tut sie ihr Bestes, um sich selbst und andere zu lieben, zu fördern und zu achten. Sie lernt viel über die verschiedenen Welten und wie alles zusammenhängt.

Die Menschen leben als Paare oder in Gruppen zusammen, das Hauptprinzip ist Liebe. Wer eine Vorliebe für eine männliche Erscheinung hat, erhält sie, wer lieber weibliche Erscheinungsformen hat, lebt darin. Dort können die Menschen in der Gestalt verweilen, die ihnen am liebsten ist, während hier auf Erden so mancher sagt, er sei im falschen Körper geboren.

Es gibt geistige Bücher, aus denen gelernt wird. Die Bilder sind mehrdimensional, und die beschriebenen Dinge sind lebendig. Die Menschen hier haben die Unterscheidungskraft von gut und schädlich. Sie sind nicht mehr verbissen mit ihren vergangenen Erdenleben und irdischen Angelegenheiten beschäftigt, sie wissen, dass es um Wohlwollen und Friedensbereitschaft geht.

In **Plus 3** bildet die einzelne Seele Gedanken und Gefühle aus Licht, Liebe, Farbe, Gesang und Tanz. Der Glückszustand übersetzt sich in diese Elemente. Inzwischen werden auch hier auf dem Planeten Erde diese „Therapien" angewandt, als Bewegungs-, Tanz-, Gesprächs-, Mal-, Lichttherapie ...

Dazu kommen bestimmte Vibrationsmassagen, die den materiellen wie den Seelenkörper entspannen und durchgängiger machen sollen, und natürlich das Singen und Spielen von Instrumenten.

Wir können also sagen: Wie oben so unten, wie unten so oben. Das Kennzeichnende in der Plus-3-Sphäre ist die Wärme, die Heiterkeit, das Mitgefühl, das „Sich nicht über"- noch „Unter jemanden"-Stellen, das „Lichtsein" und dieses Licht ausstrahlen, ob in den Sphären selbst oder nach der Erde hin.

Hier gibt es keine Hektik, keine Eile. Lange hat man eingesehen, dass man ewig in der Ewigkeit ist. Diese Wesen können sich in körperlich-irdischen Erscheinungsformen manifestieren, um erkannt oder verstanden zu werden. Doch für sich selbst oder ihr eigenes Wohlbefinden brauchen sie keine Assoziationen mehr.

Sie können, müssen aber nicht mehr geistig Häuser, Straßen, Natur erschaffen, sie leben in und aus Liebe und Licht. Wahlweise können sie sich materialisieren, um anderen behilflich zu sein, oder transformieren, wenn sie wieder in ihr „Zuhause" zurückkehren. Sie können Beratertätigkeiten ausüben in den niedrigeren Ebenen und auch bei Erdenmenschen.

Das geschieht oft im Schlaf. Jemand kann in Plus 3 durchaus paradiesisches Glück erleben, mit einem anderen Teil seines Selbst Menschen im Jenseits begleiten (was von dort aus betrachtet das Diesseits wäre), mit einem weiteren Teil Seelen im Diesseits unterstützen, während ein Teil

von ihm noch damit beschäftig ist, eigene Erdenfehler und Unvollkom-
menheiten zu bereinigen … Dies alles kann synchron und in völliger
Harmonie geschehen.

In den Sphären wird jeder, der das will, mental begleitet von seinem höheren Geistführer. Er wird „gecoacht". Seine Probleme werden nicht einfach weggenommen, sondern mit angesehen, mitgetragen, mit ausgehal-
ten, bis er Ursachen und Hintergründe entdeckt und Ideen zur Änderung
entwickelt.

Frühere Entscheidungen werden liebevoll diskutiert. Er lernt sich verstehen, begreift seine eigenen Missverständnisse. Er entwirrt in zunehmendem Maße, was er bisher sein Schicksal genannt hat, gewinnt Übersicht,
Handlungsspielraum und Freiheit für künftige Entscheidungen.

Immer aber erlauben die Geistführer Widerstand, Verweigerung, Verzet-
telung, Irrtümer und Umwege. Sie bieten an, sie drängen und zwingen
aber nicht. Es gibt keine Kritik, keine Schuldzuweisungen, keinen Tadel.

In dieser dritten Plussphäre wird unser Bewusstsein mehr und mehr erweitert, bis wir eine spirituelle Ebene erreichen, in der wir das Glück
buchstäblich in uns tragen; in der wir so von Wahrheit und Wirklichkeit
erfüllt sind, dass wir diese auch ausstrahlen.

Wir sind (geworden), was wir immer waren: Lichtwesen. Diese Individu-
en, die das Ich und das Ego hinter sich gelassen haben, schließen sich
zusammen zu „Wir-Gruppen", zu Liebesverbänden – gemeinsam gehen
sie in die nächsthöhere Sphäre ein.

Über diese kann ich nichts sagen, sie ist mir nicht zugänglich.

Vision – drei Tage und drei Nächte in der Hölle

Ein Chor singt, und ich summe mit. Und auf einmal frage ich mich, wer und was mich wohl erwartet nach meinem Sterben. Da befinde ich mich mitten in Dunkelheit. Und in dieser Dunkelheit erkenne ich das Gesicht von Jesus. Es ist derselbe, den ich schon einmal traf vor zwanzig Jahren.

Damals ging er zum Kalvarienberg. ER drehte sich nach mir um und sah mich an mit einem Blick voll unendlicher Güte, und er hatte eine Träne in seinem Auge. Derselbe stand nun wieder da. Nur dass er sich diesmal nicht nach mir umdreht. ER steht vor mir und erwartet mich. Ich dämme bewusst und willentlich die Macht des Augenblicks ein, um nicht zu Boden zu fallen.

Und Jesus sagt: „Du gehst nun nicht direkt an deinen Ort, du gehst nun nicht direkt an den Ort deiner Bestimmung, du gehst nun an den Ort, der vor dem Ort deiner Bestimmung liegt. Wir gehen nun gemeinsam drei Tage und drei Nächte lang in die Hölle, damit du (dort) alles sehen, erleben und verstehen kannst, was existiert.“

Ich frage, ob, wenn ich so oft nachts wach werde, weinend, zitternd und zähneklappernd, ob ich dann Teile, Stücke, Auszüge eben jener Hölle gesehen habe, die auch meine Hölle ist. Die Antwort lautet: „Das ist die Vorbereitung.“

Nun antworte ich: „Ja, ich nehme an.“ Später erfahre ich noch, dass wir auf diesem Gang, an denjenigen Orten, zu denen ich selbst eine besondere Beziehung habe, und in den Szenen, mit denen ich in Resonanz stehe, länger, so lange wie nötig, verweilen werden, sodass ich meine eigene Gebundenheit daran und darin erkennen, nachvollziehen, verstehen und auflösen kann. So werden wir gehen, drei Tage und drei Nächte lang.

Zuerst bin ich ganz ruhig in und mit dieser Nachricht. Dann bekomme ich Panik. Ich fürchte mich vor dem, was ich noch vor mir habe und flehe IHN an: „Herr, lasse mich wenigstens ab und zu nach deinem Mantel greifen dürfen und erlaube mir, wenn es zu arg wird, mich hinter dir zu verstecken.“ Darauf ist keine Antwort – da ziehe ich meine Frage zurück.

Schlagartig begreife ich, dass ich schon jetzt Vorsorge tragen muss für meine Totenruhe. Ich bitte die drei Menschen, die mir am nächsten sind, im Falle meines Ablebens mir folgenden Liebesdienst zu erweisen, nämlich drei Tage und drei Nächte lang dafür Sorge zu tragen, dass es ganz ruhig, leise und still um mich herum ist. Und auch dafür Sorge zu tragen, dass mein Körper ganz vorsichtig in den Sarg gelegt wird, dass sonst nichts weiter mit ihm „getan" wird, dass er so sein und bleiben darf in der Haltung und Form, wie er nun einmal ist.

Diese drei Menschen versprechen mir das als letzten Liebesdienst; sie werden mir den Rücken freihalten nach meinem Sterben, sodass ich dann nicht sorgen muss für meine irdische Hülle, sodass ich dann unbeschwert mitgehen kann, während es auf Erden dreimal hell und dreimal dunkel wird.

Wieder schlafe ich ein, und noch viele Male erwache ich weinend und zitternd.

Nun, zum ersten Mal habe ich diese Art „Traum" behalten. Ich sah ein großes Meer von Blut. Es ist das Sammelbecken allen Blutes, das je auf der Erde geflossen ist.

In diesem Meer sind alle Gefühle enthalten, die mit dem Blutvergießen verbunden waren und sind. Ich erkenne, dass es nicht nur eine individuelle Ortszeit gibt für das Ereignis von Blutvergießen, sondern auch eine kollektive, und dass beide erlöst werden wollen und müssen, sowohl individuell als auch kollektiv.

Mentale Gespräche mit Jenseitigen

Onkel Theodor

Onkel Theodor war Zeit seines Lebens Missionar in China. Seine letzten Lebensjahre verbrachte er in seiner deutschen Heimat. Er litt an einer schrecklichen Form von Gesichtskrebs, zum Schluss war sein halbes Gesicht „weg".

Seine Nichte besuchte ihn häufig und pflegte ihn. Sie fragte mich wegen ihres Onkels, nicht weil sie sich Sorgen machte um ihn, sondern weil sie ihn so sehr vermisste. Seit seiner Botschaft fühlt sie sich sicherer und weniger einsam. Ich selbst erfahre durch Onkel Theodor, wie auch ich ihn liebevoll nenne, Hilfe und Unterstützung, wenn ich ihn anrufe. Ich kann nicht sagen, was geschieht oder wie es geschieht, aber ich merke, dass etwas zum Besseren hin geschieht.

Onkel Theodor ist unterwegs, er ist in Bewegung, er befindet sich im Aufstieg, er befindet sich auf seinem Himmelsflug. Onkel Theodor ist reines Licht, in allen Regenbogenfarben schillernd, einfach herrlich. Ich muss mich erst gewöhnen, das heißt, in seiner Gegenwart werde ich so von ihm durchstrahlt, dass ich mich mit meinem irdischen Verstand mühsam an das erinnern muss, was ich ihn eigentlich fragen wollte und sollte.

So frage ich: „Theodor, wie siehst du deine Nichte?" „Gut, gut, sie ist auf dem richtigen Weg; manchmal ist sie ein bisschen kleinmütig, verzagt, das muss (sie) nicht sein. Sie ist gut unterwegs. Manchmal ein wenig verwirrt, auch ein wenig verirrt, aber keine Sorge, keine Sorge. Sie macht es gut. Sie soll sich nicht sorgen! Um nichts. Grüße sie, sage ihr das."

Während unseres Gesprächs hat Theodor seinen Flug fortgesetzt. Ich kann ihm nur mühsam folgen, kaum „Schritt halten". Nun fühle ich eine Welle von Licht und Liebe wie eine Woge von ihm herunter zu mir. Damit entschwindet er meinen Augen, und ich bleibe zurück – glücklich, beschenkt, selig.

Tante Anna

Nur durch Zufall stieß ich auf Tante Anna. Eine Frau war bei mir mit ihrer Tochter. Es ging um ihren verstorbenen Mann und Vater. Ich beschrieb meine Eindrücke. Nachdem ich berichtet hatte, sah ich eine leuchtende Gestalt um diesen Mann herum. Ich sagte zu den Frauen: „Ihr Mann, ihr Vater ist nicht allein dort drüben. Eine weibliche Gestalt ist um ihn herum, von der bekommt er viel Hilfe. Es ist eine ältere Frau, ich nehme an, eine Verwandte. Die Frauen berieten miteinander und meinten, das könne wohl Tante Anna, seine Großtante, sein. Ich nehme Kontakt auf zu Tante Anna.

Ich schließe für einen Moment die Augen und bin überwältigt ... Ein Einfall von Licht, Milde, Barmherzigkeit und Güte über uns drei dort sitzenden Frauen ... Das ganze Zimmer ist erfüllt, angefüllt ... Tränen stürzen aus meinen Augen ... Dann sehe ich eine breite Treppe, die nach oben führt. Oben steht Tante Anna mit einladenden, ausgebreiteten Armen, sie heißt Neuankömmlinge willkommen, ermutigt diese, die Treppe hochzusteigen, reicht ihnen ihre Hände, hält deren Hände einen Augenblick innig fest, sieht ihnen in die Augen, sagt zu jedem Einzelnen „Willkommen!" und fügt noch einige persönliche Worte hinzu.

Deutlich ist zu sehen, dass jeder Neuankömmling sich persönlich erkannt und willkommen geheißen fühlt. Mit einer einladenden Handbewegung weist sie den Gästen ihren weiteren Weg an. Anna ist wie eine Empfangsdame in einem schönen Hotel. Tief berührt öffne ich die Augen. Die beiden Frauen sehen mich erwartungsvoll an.

Plötzlich finde ich es ziemlich komisch, ihnen zu erzählen, dass ich Tante Anna als Empfangsdame eines Hotels gesehen habe. Ich überwinde mich und sage es trotzdem. Mutter und Tochter sehen sich an und sagen: „Stellen Sie sich vor, Tante Anna hat zeitlebens in einem Hotel geputzt."

Johann

Johann war ein attraktiver, lebenslustiger Mann. Zwei seiner fünf Kinder starben sehr jung an Krebs. Er selbst begann mehr und mehr Alkohol zu trinken. Er starb jung bei einem Unglück in seinem Auto auf einem Bahnübergang durch den Aufprall mit einem Zug. Ob es ein Unfall war oder ein bewusst gewolltes und herbeigeführtes Ereignis, ist niemals geklärt worden. Das war zunächst einmal besser so. Denn dadurch konnten sich Angehörige und Bekannte diejenige Version wählen, die ihnen die erträglichste erschien. Die Dinge brauchen oft Zeit, Jahre, Jahrzehnte, Jahrhunderte, Jahrtausende. Gemessen an der Ewigkeit jedoch nur eine Winzigkeit. Und nicht einmal das, denn die Zeit ist eine Fiktion, ist subjektiv.

Die Wahrheit hat Zeit, die Wahrheit braucht Zeit, um sichtbar zu werden. Irgendwann werden die Menschen auch einsehen, dass es keinen Unterschied macht, ob jemand einen Unfall passiv erleidet oder aktiv herbeiführt. Was zählt, ist der Fakt, das Ergebnis, und das ist in jedem Fall Destruktion. Dies ist die Essenz, dies ist die Wahrheit, die sich „äußert".

Wir (möchten) glauben, dass Unfälle „passieren". Das ist richtig, solange unser Oberbewusstsein und Unterbewusstsein nicht miteinander verbunden sind. So lange „passiert" viel. Erst wenn uns bewusst wird, was sich im Unterbewusstsein abspielt, werden wir Unglücke und Unfälle vermeiden, dann sind sie nicht mehr schicksalhaft, zwangsläufig und unabwendbar – dann beginnt der Frühling des freien Willens, der freien Entscheidung, der Lebens- und Zukunftsgestaltung.

... die Engel begannen mit dem Heilen, als der Unfall gerade passiert und er noch nicht begraben war. Sie setzten die auseinandergerissenen Körperteile mit unendlicher Vorsicht aneinander. Um damit die ewige Heilung zu beginnen, schoben und fügten sie Knochen, Muskeln, Sehnen, Nerven, Blutgefäße und Haut aneinander und zueinander. Und mit Harfenmusik, Wellenbewegungen, Atommassagen, Licht und Farbduschen geschah das.

Während er noch schläft im Koma des Schocks, tragen sie ihn in ein Gebiet, wo helle Dämmerung herrscht. Hier wird er wach. Er erinnert sich noch nicht, dass er einmal Angehörige hatte, wer sie waren und wie sie hießen. Er realisiert nur, wo er jetzt ist, später, was passiert ist und noch später, dass er eine Familie hatte.

Jetzt sieht er die Krankenpflegeengel um sich. Sie werden ihn so weit wiederherstellen, dass er aufstehen und vorsichtig laufen kann. Darüber ist man froh. Johann ist sehr berührt und angetan von dieser Behandlung, die mit unendlicher Liebe und Geduld geschieht.

Und er nimmt diese Werte in sich auf. Er selbst ist schließlich so angefüllt damit, dass sich sein Körper von grau in farbig verwandelt, teils lichte, teils dunkle Farben; auch „unreine" Farben sind darunter. Aber das macht überhaupt nichts. Schließlich ist er ganz angefüllt, sodass er nun selbst ausströmt, was er zuvor empfangen hat: das Licht, die Liebe. Atmen, aufatmen bei seinen Helfern und bei ihm.

Als er vollständig genesen ist, bleibt ihm die Erinnerung an den Unfall und an die tödliche Verletzung als Kehr- und Wendepunkt seiner spirituellen Entwicklung. Tief in seinem Inneren hat er entschieden: So etwas wird (mir) nie mehr passieren – ich werde mich nie wieder in Zu- und Umstände begeben, die einen solchen Tod als Konsequenz haben.

„Nur Liebe kann heilen", sagt er. – Damit entschwindet er …

Zwei irdische Jahre nach diesem Treffen mit ihm fragt seine älteste Tochter nach ihm. Nun spricht er selbst.

Er ist noch etwas schlaftrunken. Er weiß sofort, wer da nach ihm fragt und antwortet: „Ich habe sie sehr gern (gehabt). Ich konnte doch gar nicht alles bewältigen, so viele Kinder – unerwachsen, wie ich war, das konnte doch nicht gut gehen. Es tut mir alles so leid, so leid, die ganze Tragödie. Von einem bestimmten Moment an glaubte ich, ich könne nur Kinder zeugen, die zum Sterben verurteilt sind.

Ich konnte diesen Gedanken nicht mehr loswerden, dass irgend etwas Schlechtes in mir ist. Ich möchte meiner Tochter so gerne (mal) über den Kopf streicheln, die macht es gut, sehr gut. Das, was sie als ihr Männer-Frauen-Problem bezeichnet, das hängt auch mit mir und meiner Frau zusammen, denn sie hat Angst, eine Bindung einzugehen, weil sie fürchtet, es könne sich dann in ihrer Beziehung so etwas wiederholen, wie es bei ihren Eltern passiert ist.

Wie sollte sie sich da frohen, leichten und zuversichtlichen Herzens verlieben können? Nein, sie muss sich erst die unbewussten Dinge klarmachen, die da mitspielen. Wie gerne würde ich ihr helfen dabei. Sie ist zugänglich, sie würde auch auf mich hören.

Meine Frau und ich haben unsere Kinder in einen Machtstreit hineingezogen. Sie waren immer im Spannungsfeld davon. Sie haben ausgelitten und ausgetragen, was wir angezettelt haben. Wohl aus Unkenntnis, aber doch verantwortungslos. Sage meiner Tochter, dass ich hier den Erkenntnisweg gehe und dass ich ihr wünsche, dass sie diesen Weg schon auf der Erde geht. Ich bin in tiefer Trauer darüber, dass ich ihr nicht wirklich beistehen konnte als Vater. Das tue ich jetzt. Erst jetzt bin ich reif für meine Verantwortung. "

Seit Johanns Unfall sind dreißig Jahre vergangen. Seine Frau ist inzwischen fünfundsiebzig Jahre alt und krank. Auf Wunsch seiner ältesten Tochter besuche ich ihn noch einmal.

„Ich möchte eine Verbindung zu/mit meiner Frau, denn als meine Frau betrachte ich sie nach wie vor und immer (noch), das steht außer Frage. Ich finde keine Verbindung von ihr zu mir. Ich möchte sie gerne erinnern an etwas, das wir zueinander vor unserer Verlobung sagten und dann noch einmal vor unserer Heirat. Ich möchte das gerne nochmals bestätigen.

Es geht mir gut im Sinne von: Ich leide absolut nicht, überhaupt nicht, kein bisschen. Ich bin nun ‚zusammengebastelt'. Er lacht über seinen eigenen Ausdruck. Zuerst will er sagen: ‚Ich lach mich kaputt.' Dann hält er erschrocken inne und sagt das nicht, denn das Wort kaputt erinnert ihn an sein Unglück. Bei diesem Gedanken wird er mehrmals dunkler und wieder heller. Sich auf das Unglück beziehend, fährt er fort: ,Es tut mir so leid wegen meiner Kinder. Man hätte eine andere Lösung finden müssen. Zu spät, aber nun ist es ja auch wieder gut bzw. gut geworden.'"

Johann ist froh in seinem Herzen, und diese Heiterkeit teilt sich auch mir mit. Sie fühlt sich genauso an, wie die von Onkel Theodor, der ein Verwandter, ein Schwager von Johann ist. Der hat sicher etwas von seiner Substanz in Johann hineingesandt. Theodor wird auch von seiner Seite aus auf Johanns Frau einwirken, um sie bereit zu machen für eine Begegnung mit ihrem Mann.

Er wird die beiden dann als Friedensträger zusammenführen und ihnen als Konfliktberater zur Seite stehen. Ich verabschiede mich von Johann mit: „Alles Liebe und alles Gute!"

Herr Albers

Frau Albers fragte nach ihrem Mann. Sie ist seit zwei Jahren Witwe. Nach dem Tod ihres Mannes starben auch alle ihre Haustiere – Hund, Katze und Vögel. Als sie zu mir kam, hatte sie einen neuen Hund, eine „Seele von Tier". Darüber war ich froh. Bei den Mitteilungen ihres Mannes war Frau Albers gerührt und beglückt. Aber wie so viele Menschen, die zu mir kommen, empfand sie es als sehr schmerzlich, dass sie nicht selbst auf dieselbe Weise wie ich mit ihrem Mann kommunizieren könne; wie ich das denn mache und ob sie das lernen könne.

Ich verstehe den Wunsch dieser Menschen gut, schließlich möchten sie gern besseren Kontakt. Andererseits ist eine solche Frage jedes Mal peinlich für mich. Ich fühle mich unwohl, irgendwie „aufgeschmissen", wenn die Fragenden denken, ich könne mehr als sie, wäre besser oder weiter oder hätte den richtigen Kurs dafür besucht.

Ich kann dann nur antworten, dass jedem auf dem Evolutionsweg der Seele auch die unsichtbaren Welten sichtbar werden, dass auch sie zu „gegebener" Stunde sehen und erleben, was sich zurzeit bei ihnen – auch zu ihrem eigenen Schutz – noch im Unbewussten abspielt; dass sie nichts forcieren sollen und müssen, dass sich zu „seiner" Zeit alles entwickeln wird, was heute schon vorhanden ist. Ich gebrauche dann gern das Beispiel vom Farnblatt: Zusammengerollt ist schon alles da, was sich nach und nach entfalten wird.

Frau Albers fragte mich, was ihr Mann denn täte, wenn er auf „Reisen" sei und nicht in seinem Lichthaus weile. Darüber hatte Herr Albers mir Schweigen aufgetragen. Andeutungsweise hatte er es mir mitgeteilt und dann für seine Frau in folgende Worte gekleidet: „Ich habe dort Aufgaben zu erledigen, mit denen ich auf Erden nicht zurechtgekommen oder fertig geworden bin." Auch jetzt und an dieser Stelle gilt dieses Redeverbot für mich.

Herr Albers ist im Lichtzustand, erleichtert, erleuchtet und erlöst. Von außen betrachtet haben er und seine Frau nicht eng, nicht nah beieinander gelebt. Sie haben einander „freigelassen" im Leben.

Nun übernimmt Herr Albers selbst das Wort: „Dadurch, dass meine Frau mich freigelassen hat im Leben, hat sie mir erst die Möglichkeit zur Kommunikation eröffnet. Das habe ich ihr zu verdanken. Nur darum konnte ich so viele Jahre mit ihr und an ihrer Seite leben." (Eigentlich will er sagen „bei ihr bleiben".)

„Ich konnte mit ihr sein und auch mit mir selbst. Sie hat mich nie kontrolliert, nie dominiert. In ihrem tiefen Respekt hat sie mir immer mein eigenes gelassen. Es war ein gutes Leben, ein würdiges Leben. Was mir möglich war auf Erden zu erfüllen, habe ich erfüllt. Insofern war meine Erdenzeit abgelaufen, wiewohl es für Außenstehende wie ein plötzlicher Tod ausgesehen haben mag.

Für mein Empfinden war es das nicht, ich wollte gar nicht ‚gerettet' werden im Krankenhaus, doch für meine Frau schien das so. Es tut mir leid, dass sie danach auch noch den Verlust der Tiere hinnehmen musste. Die Erklärung dafür heute – in meinem jetzigen Bewusstseinszustand – ist, dass sie dadurch Gelegenheit erhielt, Verlust in seiner extremsten Form zu erfahren, sozusagen einen Zustand, in dem sie sich ‚von allen guten Geistern' verlassen fühlte.

Wie ein einsames Kind in einem dunklen Wald sich fürchtend, so verbrachte sie die letzten Monate. Das tut mir leid, und das erschüttert mich. Ich bin bei ihr mit meinen guten Gedanken und Wünschen. Ich hoffe, dass dieses Gefühl, das wir Geborgenheit nennen, das heißt Geborgensein in der Ungeborgenheit der äußeren Welt, ihr wieder zufließt. Ich werde alles tun, was von meiner Seite aus möglich ist, um ihr dabei zu helfen. Bei ihr ist es ja nicht allein der Verlust meiner Person, sondern gleichzeitig mit meinem Weggehen hatte sie das Gefühl des Verlustes der Einheit mit Gott und allem, was lebt. Und das ist es, was sie zurzeit so kränkt und schwächt – ich verstehe sie darin vollkommen.

Dies will ich ihr sagen: In den letzten Jahren unserer Ehe habe ich ihr wenig zufließen lassen. So wurde sie langsam leerer und fühlte sich auch so. Bis in ihr Innerstes drang diese Erfahrung, bis in ihr Zweifel aufkamen an allen und an allem.

Das ging so weit, dass sie schließlich daran zweifelte, ob es überhaupt ein Leben nach dem Tode gäbe. Ich kann und will ihr versichern, das gibt es, und ich bin dort. Auch ich, der Zeiten im Licht verbringt, glücklich und schwerelos, habe noch – oder erst recht – von dieser sicheren Basis ausgehend Aufgaben zu erfüllen, mit denen ich auf Erden nicht zurechtgekommen oder fertig geworden bin. Aber da ich schon im Licht bin und immer wieder dorthin zurückkehre, ist es für mich nicht mehr so schwer.

In dieser Lichtzeit finde ich Glück, Harmonie und Kraft für den nächsten Akt der Konfrontation mit meinem noch unerlösten Teil. Immer wieder kehre ich hierher zurück."

Ich nehme sein „hierher" wahr als ein hell erleuchtetes Wohnzimmer mit klaren Abmessungen und Abgrenzungen. Diese seine Heimatbasis befindet sich schwerelos im Raum, der dann für ihn das „draußen" ist und – das sehe ich grau-blau.

Nun spricht er seine Frau direkt an: „Hier ist es jetzt so, wie es damals im Leben war, als ich immer wieder zu dir nach Hause kam. Du warst mein Zuhause, mein Licht, meine Geborgenheit. Ich war ja wohl (etwas) trocken, aber du warst meine Sonne, mein Mond, meine Blume. Du warst das Herz und ich …" Er bricht erschüttert ab. „Es tut mir so leid, dass du diese schwere Zeit durchgemacht hast, besonders, dass du so wenig von anderen und von mir ‚genährt' wurdest. Das tut mir weh. Was meinen Teil betrifft, so bereue ich das. Aber sei zuversichtlich. Du warst so tapfer, so mutig in dieser ganzen Zeit. Zweifle nicht mehr: Es gibt mich in dieser anderen Welt, die gar nicht so viel anders ist als die Erdenwelt.

Wir sind hier auf dem Weg zu immer mehr Liebe, Frieden und Harmonie. Gott ist mit dir, meine Liebe, bete für mich, nicht länger als einige Minuten oder Augenblicke am Tage. Damit hilfst du mir, meine Restschuld, mein Versagen aus dem vergangenen Leben abzutragen. Und dann wende dich wieder deinem Leben auf der irdischen Erde zu. Lass es dir gut und wohl ergehen!" Nun kommt ein noch stärkeres Wort: „Wenn du kannst, dann genieße! Du wolltest doch auch immer, dass es anderen gut ginge! Gott ist mit dir."

Herr Andres

Als Frau Andres mich um eine Kontaktaufnahme mit ihrem Mann bat, war dieser erst wenige Monate verstorben. Sie vermisste ihn sehr. Sie erzählte, dass er ein, zwei Jahre vor seinem Tod darauf gedrungen habe, alle Papiere in Ordnung zu bringen, dass die Erbangelegenheiten geregelt und ihre Pensionsansprüche sichergestellt wurden. Nun erkennt sie darin seine liebende Vor- und Fürsorge. Ihr Mann lag nur wenige Tage im Krankenhaus. Sie war täglich viele Stunden lang bei ihm.

Als sie einmal ein Stündchen nach Hause ging, um Sachen zu holen und dann ins Krankenhaus zurückkehrte, sagte man ihr, dass ihr Mann soeben verstorben sei. Dies war ein Schock für sie. Der Schock war umso schwerer, weil zwei Wochen vorher eine Wahrsagerin zu ihr sagte: „Machen Sie sich keine Sorgen, ihr Mann kommt gesund aus dem Krankenhaus zurück." Darauf hatte sie vertraut.

Zudem empfand sie es als ihr eigenes Versagen, dass sie im entscheidenden Moment nicht bei ihrem Mann war, und sie empfand es als Verrat von seiner Seite, dass er sie ausgeschlossen hatte von seinem Sterben. Als Frau Andres zu mir kam, konnte sie sich ausweinen und alles aussprechen, was sie dachte und fühlte.

Ich sagte ihr, ich hätte selten ein Ehepaar gesehen, dass so liebevoll miteinander umgehe, das so aneinander hänge. Sie bestätigte das und kam schließlich zu der Vermutung, dass ihr Mann ihr möglicherweise ersparen wollte, bei seinem Sterben dabei zu sein, dass er es vielleicht lieber für sich alleine „hinter sich bringen wollte".

Dieser Gedanke beruhigte sie. Sie fühlte sich nicht länger abgeschoben und lieblos behandelt. Ich sagte ihr, dass es wohl häufiger vorkomme, dass Menschen den letzten Schritt alleine tun wollen, dass sie zu diesem Zweck sogar öfter ihre Nächsten, ihre Liebsten unter einem Vorwand wegschicken würden. Obwohl Herr Andres seine Frau tief und vorbehaltlos liebte (oder gerade weil er das tat), stellte er ihr frei, sich in ihrer Lebenszeit noch mit einem Partner zu verbinden. Etwas Derartiges geschieht immer dann, wenn das Bewusstsein und die Liebesfähigkeit des „verstorbenen" Partners so erweitert sind, dass sie das möglich macht, wenn Liebe bedingungsloses, selbstloses Einander-gut-sein und Einandergutes-wollen (geworden) ist.

Ich habe öfter erlebt, wie erleichtert und befreit die Witwe/der Witwer über eine solche Botschaft waren, auch wenn sie meist so taten, als hätten sie sie überhört oder als käme so etwas für sie überhaupt nicht infrage.

Herr Andres möchte, dass er mit seiner Frau zusammen gesehen wird. Er möchte, dass sie als Paar gesehen und angesehen werden, auch jetzt noch und in diesem Fall von mir. Dann deutet er an: „Ich bin nicht echt dagegen, wenn sie in der Zukunft ... einen anderen Mann findet. Ich hatte in meinem Leben zwei unbedeutende, wenn auch langjährige Beziehungen, bevor ich sie traf.

Eigentlich habe ich nur darauf hingelebt, sie zu treffen, sie war meine wahre Bestimmung. Sie zu treffen, war mein Lebenssinn. Mit ihr zu leben, sie kennenzulernen, war der eigentliche Zweck und die eigentliche Lebensaufgabe für mich.

Alles, was davor war, war lediglich Vorbereitung darauf. Ich bin froh und dankbar, dass ich sie nicht verfehlt, nicht verpasst habe." Herr Andres fühlt sich „normal", sicher und nicht allein. Er ist gut organisiert, gut strukturiert. Auch dort hat er seine Angelegenheiten in Ordnung, denn auf der Erde hat er gelernt, Dinge in Ordnung zu bringen, und das kommt ihm nun zugute.

Dort hat er kurz einen Verwandten gesehen – sie hatten früher Streit. „Nun ist alles gut", erzählt er mir. Er habe auch seine Mutter und Schwester besucht, mit denen sei auch alles in Ordnung. Herrn Andres durchlief drüben keine Leidensphase, hatte keine Verwirrung.

Dies ist umso bemerkenswerter, da Frau Andres mir erzählte, dass ihr Mann in seinen letzten Lebenswochen „durcheinander" und aggressiv gewesen sei. Er habe sie und seine eigenen Kinder nicht erkannt und alle beschimpft. Dies bedeutet, dass etwas in seinem Gehirn „durcheinander" war, nicht aber in seiner Seele. Herr Andres hat auf Erden ein geordnetes Leben geführt und kein Chaos hinterlassen. Deshalb fand er auf der anderen Seite auch keines vor.

Anita

Eriks Frau Anita ist mit dreißig Jahren an Krebs gestorben. Wenige Wochen nach ihrem Tod bittet er mich, sie aufzusuchen. Er hat das Gefühl, dass sie ihm etwas mitteilen wolle.

Als ich während des Gesprächs mit Erik von dem Kästchen mit Briefen und Fotos beginne, weiß er direkt, was gemeint ist. Auf dem Dachboden stünden Sachen von Anita, darunter auch ein Karton mit Briefen und Fotos. Teilweise seien es Liebesbriefe von ihm an sie, teilweise von einem früheren Freund von Anita aus der Zeit, bevor sie Erik kennenlernte.

Erik gestand, dass er schon öfter in Versuchung geraten war, diese Briefe von „dem anderen" zu lesen. Nun entschied er, sie ungelesen wegzuwerfen und sich nicht dem zerstörerischen Gefühl der Eifersucht auszuliefern. Er entschloss sich, unnötigem Schmerz und Zweifel keinen Raum zu geben.

Anita hatte sehr bewusst gelebt. Während sie litt, wusste sie, dass sie litt, und in Ansätzen begriff sie auch schon, warum. Sie hatte viele Zusammenhänge erkannt, beschuldigte niemanden und wollte niemanden unter ihrer Krankheit leiden lassen. Sie selbst erfuhr ihre Krankheit als vorherbestimmt. Sie selbst benutzte das Wort Karma. Im Prinzip war sie einverstanden mit allem.

Ich nehme die Personen so wahr, wie sie sich selbst sehen, erleben, wahrnehmen und fühlen. Während meines Treffens mit Anita veränderte sie mehrmals ihre Erscheinungsform. Ich sah, wie sie sich selbst erlebte. Sie gelangte übergangslos vom irdischen Erscheinungsbild zum Energie- und Lichtkörper.

Nahtlos wechselte sie die Positionen – und war doch immer die Gleiche. Dies ansehen zu dürfen, war für mich faszinierend, eine Offenbarung. Danke, Anita, dass ich teilhaben durfte, danke!

Anita macht einen fröhlichen und optimistischen Eindruck. Ich fühle starke Kopfschmerzen. Das merkt sie sofort und sagt zu mir: „Ich will nicht, dass Sie meine Schmerzen fühlen!" Im Moment sehe ich sie in bunter Kleidung, weil sie die liebt und weil sie die jetzt tragen will. Sie sagt: „Ich will doch nett aussehen!"

Dann lässt sie ihrem Mann etwas ausrichten. Irgendwo auf dem Speicher stünde eine Schachtel mit Briefen und Fotos. Teils seien sie für Erik bestimmt, teils nicht. Die Letzteren solle er besser nicht lesen, sie gehörten einer alten Zeit an. Erik sollte durch sie nicht beunruhigt oder verunsichert werden. Ich verstehe den Sinn nicht und beschließe, die Botschaft wortgetreu an Erik zu geben, damit er sie selbst entschlüsseln kann.

Nun kommen bei Anita Husten, Spucken und Atemnot. Sie erscheint mir nur noch wie ein Schatten. Ihren Magen sehe ich als dunkelste Stelle. Energie läuft aus ihr aus. „Woran hast du gelitten?", frage ich sie. Sie sagt: „Ich konnte nicht Mädchen sein, darum konnte ich nicht Frau sein. Es gab da auch eine alte karmische Verbindung. Ich konnte die nicht aufdecken, nicht auflösen, deshalb musste ich sterben."

In diesem Moment legt Erik mental seine Hand auf die ihre, wie er es während ihres langen Leidensweges so oft getan hat. Ruhig und ruhespendend liegen beider Hände nun ineinander. Sofort verwandelt sich ihre Schattengestalt in eine Lichtgestalt. Erik und Anita „fließen ineinander über". Nun sind sie eine Einheit, hell, farbig, glänzend und fließend.

Am „Rand" dieses Bildes sehe ich nun ein, zwei, drei Kinderchen spielen. „Nee", sagt Anita dazu, „das meinte ich nicht so ernst mit den vielen Kinderchen, in diesem Leben wäre das doch gar nicht gegangen, ich war noch gar nicht so weit ... vielleicht nächstes Mal, wer weiß." Ich frage Anita, was sie dort nun so tut. „Oh", antwortet sie, „ich vergnüge mich. Ich schaue (mir) Dinge an, und ich beobachte. Manchmal helfe ich auch

im Kinderhaus. Ich mache eine Art Praktikum dort. Später werde ich Krankenschwe-
ster (werden). Mir wurde gesagt, dass ich dafür geeignet bin, weil ich das Wesen
Krankheit kenne. "

Ich frage, ob sie weiß, welches meine Funktion ist. „Oh, ja", antwortete sie, „das weiß
ich sehr gut, Sie sollen ihm (Erik) erzählen, worüber wir gesprochen haben." Anita
wird nun etwas verlegen, sie ist zu scheu, ihm von mir ausrichten zu lassen, dass sie ihn
liebt. Ich sage ihr, das brauche sie auch nicht. Erik würde sehr gut wissen, dass sie ihn
liebe und wie sehr sie ihn liebe.

Hans und Martha

Fünfundzwanzig Jahre lang habe ich Hans' Leben auf der anderen Seite
begleitet. Als er starb, war er einundachtzig Jahre alt. Davor kannte ich ihn
schon viele hundert Jahre aus anderen Inkarnationen. In den Tagen nach
seinem Tod erschien er über und in meinem Hause wie ein großer dunkler
Vogel mit riesigen Schwingen.

Er war sehr erbost darüber, dass ich ihm Dinge verschwiegen hatte, die er
hätte erfahren wollen und müssen. Ich hatte mir eingeredet, dass es besser
sei für ihn, nichts darüber zu wissen, weil er doch schon so alt, krank und
verwirrt war.

Hierin hatte ich mich getäuscht. Ich hätte ihn aufrichtig, mutig und behut-
sam informieren müssen über bestimmte Ereignisse. Damit wäre Hans
viel Ungemach erspart geblieben. In diesem Punkt gebe ich ihm recht.
Obwohl ich ihn nachträglich informierte, erschien er mir jahrelang immer
wieder unruhig, umherirrend, dicht an der Erde oder in den Minussphären.

Manchmal beschuldigte er mich wegen meines „Lebenswandels". Andere
Male sah ich ihn verzweifelt zwischen Himmel und Erde hin- und herflit-
zen. Er konnte sich mit nichts und niemandem vereinen. Dann wieder sah

ich ihn in Zuständen, die Hieronymus Bosch in Bilder umgesetzt hat. Auch sah ich ihn in mittelalterlichen und biblischen Szenen, als ob er damals schon gelebt hätte.

Danach fiel er für einige Jahre in den Schlaf. Inzwischen war seine Frau dreiundneunzig Jahre alt geworden. Ab ihrem einundneunzigsten Lebensjahr lag Martha fast unbeweglich im Halbkoma im Bett. Etwa ein halbes Jahr vor ihrem Tod meldete Hans sich wieder bei mir. Hiervon handelt dieser Bericht.

Hans kommt. Er hat einen ordentlichen Anzug an, seinen besten sozusagen und nicht mehr den vermoderten vom letzten Mal. Auch sieht er viel jünger aus, so etwa vierzig Jahre alt. Er beginnt mit den Worten: „Als ich das letzte Mal hier war ...". Also erinnert er sich nun an zeitliche und inhaltliche Zusammenhänge. Er sieht wunderbar geheilt aus. Seine Augen sind neu und lebendig, grau-grün wie Saphire leuchtend und nicht mehr rot phosphoreszierend. In seiner Nähe riecht es frisch nach Sauerstoff. Er ist jetzt „durch", er hat es jetzt geschafft, es wird ihm nie wieder so schlecht gehen wie früher.

Ich sage zu ihm: „Ich bin erleichtert, dich so zu sehen, aber deine Frau Martha hängt noch zwischen Himmel und Erde und kann nicht rübergehen." Er antwortet: „Ich weiß das, und ich habe ihr viel zu wenig geholfen im Leben. Ich habe nichts direkt gegen sie getan, aber ich habe ihr auch nicht wirklich geholfen (im Sinne von beigestanden). Das ist auch ein Vergehen, das ist auch böse."

Darüber bricht er nun in Tränen aus. Er erinnert sich an das, was sie in all den Jahren, als er krank war, für ihn getan hat, nun will er es gutmachen. Da steht er nun an ihrem Bett, füttert sie und geht dann im Garten mit ihr spazieren. Er führt sie nun, wie sie ihn früher geführt hat. Alles ist gut zwischen ihnen.

Hans wird Martha noch eine Weile mental pflegen und sie gleichzeitig erwarten auf der anderen Seite. Wenn Martha seinen Beistand wahrgenommen hat, sie ihm genug vertraut, dann kann auch sie den Schritt nach drüben wagen, dann kommt der große Friede zu ihnen beiden. – Was für ein Glück!

Heinrich und Gisela

Adele fragt nach ihren Eltern Heinrich und Gisela.

Gisela

Das Erste, was ich wahrnehme, ist Helligkeit, Klarheit, kristallklare, ungetrübte Klarheit. Es ist ein Zustand, der sich äußert in unendlicher Ruhe, Stille, Selbstverständlichkeit. Ein Zustand, der selten erreicht wird von Menschen, ein Zustand, der nichts (mehr) fragt, nichts will, der ist.

Dieser Zustand übersetzt sich nun (für mich) in ein Bild: Ich sehe eine glatte Oberfläche. Und als ich hinschaue, ist sie tief dimensional, durchsichtig mit einem kristallblauen Schimmer. Dieses Bild beschreibt Giselas Zustand. Nun nehme ich Kontakt auf mit ihrem Wesen.

Sofort verdichtet sich in diesem Tiefenspiegel etwas zu einer Figur, etwas Leichtes, Zartes, Duftiges zeigt sich hellgelb und hellrosa. Sie strahlt mich an in ihrer Leichtigkeit und Lieblichkeit, wie mit Lichtblumenaugen. Und als das durch meine Augen in mich hineinfließt, werden auch mein Kopf, Herz und Sinn erfüllt mit freundlicher Stille.

Ich nenne nun den Namen ihrer Tochter, Adele. Sogleich überzieht ein grauer Schatten von Trauer ihr Blütenseelengesicht und rote, schmerzliche Striche ziehen sich durch das ganze „Bild". Es sind die Erinnerungen der Mutter an die vielen Operationen der Tochter. Es sind die Schnitte, die damals ausgeführt wurden und die der Mutter so viel Sorgen und Schmerz bereitet haben. Diese Frau antwortet nicht mit Worten, sondern mit Farben und in Formen, die alles aussagen und das dazugehörige Gefühl mitteilen, die aber nicht dabei und darin verharrt, sondern weitergeht von jetzt zu jetzt zu jetzt.

Und so verändern sich – verändert sie – die roten Striche nun in ein leuchtendes Blau, in ein Friedens- und Erlösungsblau. Erlösungsblaue Streifen auf der tief dimensionalen Durchsichtigkeit mit dem kristallblauen Schimmer, Wunderschön!

Heinrich

Als Erstes nehme ich wahr, dass Heinrich bezogen auf seine Tochter einen tiefen Herzschmerz fühlt. Schmerz darüber, dass sie so viel gelitten hat. Er sagt: „Das Schlimmste, das Ärgste hat sie (nun) hinter sich, das Auflehnen, den Kampf, denn sie ist (nun) mehr und mehr einverstanden mit ihrem Schicksal."

Nun merke ich, dass er auch über sich erzählen möchte. Im Moment weiß ich noch nicht, ob dies etwas sein wird, was ihn früher beschäftigt hat, oder ob es ihn immer noch beschäftigt. Ich weiß nichts über die Umstände seines Todes, ich nehme einfach auf, was er mir sagt.

Er sagt, damals sei doch etwas schiefgelaufen mit der ärztlichen Behandlung. Er habe noch „eine lange Weile" nach seinem Tod darüber nachgedacht, ob wohl „alles mit rechten Dingen" zugegangen sei. Sein Vorwurf gehe nicht in Richtung Familie, sondern an die Ärzteschaft. Noch immer denke er darüber nach, ob sein Tod zum damaligen Zeitpunkt hätte verhindert werden können.

Ich entgegne nichts, keine Stellungnahme, keine Ratschläge. Wie in einer irdischen Therapiestunde lasse ich den Menschen seine Gedanken und Gefühle eröffnen, jeweils verweilend, wo die Person verweilt, jeweils begleitend, wenn sie fortfährt. Ich will, kann, darf sie nicht tragen, nicht schieben, nicht zerren. Sie hat ihre eigenen Gesetze und Gesetzmäßigkeiten, ihre eigene Dynamik, ihren eigenen Stil.

Heinrich wirkt nun schlaftrunken wie von schweren Medikamenten. Plötzlich nehme ich einen Zusammenhang wahr zwischen dem Leiden seiner Tochter und seinem. Es (er)scheint mir wie ein Symbol der großen Übereinstimmung zwischen diesen beiden. Die Seelen möchten Einheit und geben dem unbewusst Ausdruck in der Verbindung über Schmerzen, Krankheit und Operationen.

Nun atmet Heinrich auf. Er ist etwas „losgeworden". Er fühlt sich erleichtert, ist in der Tat leichter geworden. Das Grübeln und die Umstände seines Todes wirft er nun ab wie Ballast, gewinnt nun eine blaufarbige Tiefe. Seine Erscheinungsform gleicht sich nun der seiner Frau an, nur sein Blau ist kräftiger.

Ich interpretiere, dass ihre Seelen einander doch ähneln, nicht verschmolzen ineinander überfließen, jede für sich existierend, doch in der gleichen Frequenz sich befindend, in Übereinstimmung.

Annemarie

Jaqueline war beinahe untröstlich wegen des Heimgangs ihrer Mutter Annemarie. Begierig und dankbar nahm sie auf, was ihre Mutter ihr mitteilte. Bei dem Wort „Prognose" musste sie lachen und sagte: „Das ist typisch, meine Mutter war früher Krankenschwester."

Es wird hell, dunkel und wieder hell. Annemarie spricht sofort und direkt ihre Tochter an: „Mach dir keine Sorgen, es geht mir gut. Es ist wunderbar hier, ich bin begeistert. Ich bin gut aufgehoben hier."

Nun wird Annemaries lichter Körper dunkler, weil sie traurig wird: „Aber du, mein Kind, bist in der Welt und musst mit allem fertig werden. Du hast das Gefühl, dass du alleine bist. Das ist nicht so. Ich schaue dir oft über die Schulter, meine Tochter. Du bist nicht nur meine Tochter, du bist auch meine Freundin. Du hast mich nicht verloren als Mutter. Unsere Generationsfolge ist ewig und unveränderlich eingeschrieben in das Buch des Lebens, in das Buch der Existenz.

Es tut mit leid, dass ich dir durch mein Gehen Schmerz zufügen musste. Aber was wir zusammen hatten, ist so stark, dass es dich tragen wird. Insofern war es verantwortbar, dich zu verlassen. Grüble niemals nach über uns, zwischen uns ist alles gut. Die Spannungen in der Pubertät waren normal und wichtig. Du musstest frech sein, das war gut so. Ich musste weggehen aus Gründen, die nichts mit dir zu tun haben. Ich werde auch über dein Kind, mein Enkelkind, wachen.

Von meiner Warte aus hier habe ich eine gute Prognose. Es wird sich ab und zu extrem verhalten, aber nie aus dem Rahmen fallen. Du gibst dem Kind Selbstvertrauen, indem du ihm traust. Wir hier bedauern es sehr, dass es die Kinder so schwer haben in einer entgleisenden Welt.

Habe niemals Minderwertigkeits- oder Schuldgefühle, weil du alleine erziehst. Dein Kind ist ein normales Kind in einer schwierigen Welt. Gib ihm deinen Optimismus, sorge dich nicht ... Ich liebte es, deine braunen Haare zu flechten. Oh, dass ich nicht vergesse zu sagen, die Beerdigung war schön, all' die Blumen und Kränze. Es war ein schöner Abgang, auch die Predigt hat mir gefallen, sie war so trostvoll für euch. "

Nun höre ich eine Klaviersonate, sehe einen gedeckten Kaffeetisch, wunderschön mit Blumen und Kerzen geschmückt, und mir fällt die Tischdecke auf, handgestickt von Annemarie. Auf Wiedersehen, Annemarie!

Eva

Karin fragt nach ihrer Mutter Eva. Es kommt nicht dazu, dass ich Karin die Botschaften ihrer Mutter mitteilen kann. Anderes schiebt sich für Karin in den Vordergrund. Auch das ist sicher kein Zufall, hat Gründe und ist in Ordnung.

Eva würde gerne noch teilnehmen am Leben. Sie erzählt schnell und überhastet. Sie hat Angst, dass man ihr nicht in Ruhe zuhört und dass man sie nicht versteht. Sie hat gern gekocht.

Ich sehe, dass sie mit ihren Gedanken eine Küche aufgebaut hat: Herd, Anrichte und Spüle. Dort beschäftigt sie sich oft. Das hilft ihr dort drüben. Dinge, die für Eva wichtig waren, fand ihre Tochter eher unbedeutend.

Eva ist mit einem Teil ihrer Seele noch mit irdischen Alltäglichkeiten beschäftigt. Sie empfand ihren Tod als plötzlich, unerwartet, doch darüber möchte sie jetzt nicht reden. Ich frage sie, was gut ist an ihrem jetzigen Zustand. Sie antwortet, dass sie nun nicht mehr die ganze Zeit etwas tun muss, sondern mehr und mehr Zeit zum Nachdenken bekommt. Das tue ihr gut.

Doch wenn sie genug vom Nachdenken habe, dann tue sie wieder irgend etwas, obwohl das so richtig echt nicht sei, nicht richtig wirklich. Ihre Küche würde sich immer wieder auflösen, sie sei nur ausgedacht. So denke sie sich auch Ereignisse, Situationen und Gespräche mit anderen Menschen aus. Erfahrungen, die sie mit anderen machen könne. Dadurch werde ihr deutlicher, wer sie selbst in Wirklichkeit sei, und es sei eine Vorübung, wenn sie später tatsächlich mit anderen Menschen zusammenkommen werde. Sie hat den Plan, der dahinter steht, verstanden und anerkannt.

Ich frage sie: „Wer leitet Sie denn an?" Sie antwortet: „Nicht immer sehe ich die ..." – sie sucht nach dem richtigen Wort – *„Gestalt, aber manchmal doch, dann werde ich gelobt, das tut mir gut, dann habe ich Freude am Weiterlernen. Wir haben auch Spaß hier. Zuerst meinte ich immer, ich hätte meine Brille verloren, aber sie sagten mir, ich bräuchte hier doch keine mehr. Darüber haben wir viel gelacht."*

„… Ihre Tochter Karin hat von Ihnen gesprochen." Sofort geht sie darauf ein: „Eigentlich sollte es keine Karin sein, sondern ein Junge, ein Kai. Das war früher eben so, dass man lieber Jungen wollte als Mädchen … Ich hätte mich besser vorbereiten sollen auf dieses andere, dieses Leben in dem Leben nach dem Leben.

Ich weiß nicht, was ich halten soll von dem Weg, den meine Tochter gegangen ist. Ich weiß nicht, ob sie sich ein X für ein U vormachen lässt. Ich weiß nicht, ob sie labil ist und einem Guru hörig … Im Leben hatten wir ja so gar keine Brücke, da war ich so viel im Alltäglichen und sie viel über der Erde. Wir hätten voneinander lernen und viel voneinander haben können."

Ich sage: „Es ist gut, das zu sehen. Sie haben etwas Wertvolles erkannt, und dies ist keine Schuldzuweisung." „Nein", antwortet sie, „das will ich ja auch nicht. Ich werde nun auch nicht mehr darauf beharren, dass sie einsehen soll, dass sie mich falsch sieht und dass ich unschuldig bin. Nein, das werde ich nun nie mehr tun. Gott verzeihe mir meine Rückfälle, auch meine zukünftigen, die will ich hiermit schon im Voraus annullieren."

Sie fährt fort: „Ich sehe Karin nun, wie sie vor Monaten an meinem Grab stand. Ich hörte ihren Aufruf, ihr zu helfen, wohl. Doch ihr Gefühl, dass ich ihr nicht geholfen habe, ist/war richtig, denn ich bin doch selbst noch gar nicht so weit und so weise, das zu können. Ich muss mich doch erst selbst verstehen. Erst dann kann ich mich einfühlen in sie. Der Alkohol hat ja viel, hat alles kaputt gemacht, hat jedes Weiterkommen, jede Einsicht zu Lebzeiten verhindert. Gut, dass es hier keine Betäubungsmittel gibt, außer vielleicht einem Schlaf, wenn wir den nötig haben. Ich bin froh, dass ich ihr das nun vermitteln kann auf diesem Wege.

Ich muss zugeben, dass ich meine Tochter (leider) kaum kannte. Ich bin dankbar, dass sie dies erfährt und dass sie sich öffnet dafür. Ich habe noch einen längeren Weg vor mir, aber die Richtung stimmt. Grüßen Sie meine Tochter und sagen Sie ihr, dass es mir echt leid tut, dass ich sie so wenig verstanden und akzeptiert habe.

Das ist (m)ein großes Leid. Ich rechtfertige mich nicht mehr. Ich hoffe, dass Karin durch mich nicht so viel Schaden erlitten hat. Ich wünsche, dass sie ein Leben ohne

Alkohol führen kann – anders als ich damals. Und ich wünsche ihr so viel Erfüllung wie möglich."

"Danke, Eva, danke sehr für dieses Gespräch, du hast getan, was du konntest. Du hast das Beste gewollt und dein Bestes gegeben, das ist schön."

Dannys Vater

Danny möchte wissen, wie es um ihren Vater steht. Ich besuchte ihn in den Sphären und zeichnete das Gespräch auf. Den Inhalt des „Interviews" hat sie nie erfahren. Danny meldete sich nicht mehr bei mir. Es wäre viel besser gewesen, sie hätte den Termin telefonisch abgesagt. Meine Verantwortung ist, dass ich mit den Informationen von „denen auf der anderen Seite" gut umgehe. Meine Verantwortung ist aber auch, dass ich die Mitteilungen an die Angehörigen, die Inhalte, auf eine Art und Weise rüberbringe, dass diese davon nicht geängstigt, verwirrt oder hoffnungslos werden. Jeder Mensch, der von mir weggeht, soll sich ein Stück aufgeräumter, stabiler und weiser fühlen. Darin sehe ich meine Aufgabe.

Sofort taucht ein mächtiger Mann auf, der irgendwohin stürzt. Fast kann ich mich nicht dem „Fahrtwind" entziehen. Er ist eine beeindruckende Persönlichkeit, im wahrsten Sinne des Wortes. Er will immer alles „hinter sich bringen". Da, wo er jetzt ist, haben die alten Mechanismen keine Wirkung mehr. Seine Unrast, seine Ungeduld, seine Gereiztheit verselbstständigen sich nun zu einem (vorerst ewigen) Zustand.

*Eine höhere Instanz, die jeder hat, der auf Erden gelebt hat, steht nun vor ihm. **Ich** steht vor **Ich**, bzw. er steht vor sich und fragt: „Was hast du Gutes getan?" Hastig antwortet er: „Ich habe ihnen doch mein Erbe hinterlassen, ist das denn nicht genug? Ich habe mein ganzes Leben lang geschuftet. Ich habe ein Imperium aufgebaut, ist das denn nichts? Mein Werk ist noch bekannt, mein Name auch, mein Einfluss ist inzwischen gleich null."*

Sein Ich lässt ihn wissen, dass letztlich das Geistige Bestand hat. „Das sage ich doch, geistig war ich doch, hochgeistig sogar, intellektuell." Sein Gegenüber erklärt: „Das ist hier nicht gemeint. Gemeint ist das Herz, die Qualitäten von Verstehen, Einsehen, Sicheinfühlen, um Vergebung bitten können und sich selbst vergeben."

Er versinkt in tiefes Grübeln. Nach längerer Zeit des Nachdenkens durchzieht ein grünlicher Hoffnungsschimmer das Grau seines Zustandes. Ihm ist etwas eingefallen. Er sagt: „Ich habe viel Gutes getan im Leben, ich habe viel Geld gespendet für gute Zwecke, und ich war jeden Sonntag in der Kirche, verd..., zählt das nichts?"

Sein Gegenüber hört aufmerksam zu, reagiert aber nicht. Das Grün in seiner Aura verlischt und macht einem Braun-Rot Platz. Wieder verfällt er in großes Nachdenken. Nach langer Zeit sagt er, dass ihm nun klar geworden sei, dass er wohl einen Teil seines Lebenssinns, nämlich den Arbeits- und Geld-Erfolgsteil erfüllt habe, aber ansonsten könne er selbst nicht viel Positives finden. Er verlange nun, dass andere zu Wort kämen, die sollten ein gutes Wort für ihn einlegen.

Er hofft auf die Stellungnahme seiner ersten Frau. Sie ist schon lange „drüben". Weil er sie von damals so kennt, erscheint sie in einem schönen, teuren Tweed-Kostüm. Sie ist reserviert und sagt nur vage: „Er war nicht schlecht." Dann verschwindet sie wieder. Es klingt wie die Kurzaussage einer geladenen Pflichtzeugin.

Nun sinnt er weiter, wer ihm helfen könnte. Er denkt an seine Söhne, weiß aber, dass diese nicht gut auf ihn zu sprechen sind. Er denkt an seine einzige Tochter. Ihm fällt glühend ein, wie er das achtjährige Kind nach dem Tode der Mutter, seiner ersten Frau, mit immer wechselnden Haushälterinnen alleine gelassen hat.

Nein, er kann seiner Tochter nicht zumuten, für ihn einzuspringen, wo er doch damals nicht für sie da war. Sein Millionenerbe, das er ihr hinterlassen hat, wirft er nun nicht mehr in die Waagschale.

Da fällt ihm als Rettungsanker seine zweite Frau ein, oder war es die dritte oder vierte? Jedenfalls die, die ihm eine wirkliche Freundin war. Sie lebt nun noch auf der Erde. Sofort antwortet diese Frau mental auf seinen Hilferuf:

„Alles Unangenehme (sie vermeidet das Wort negativ) ist vergessen, er hatte ja auch gute Seiten ... " Es wird deutlich, dass sie ihn als Mann von Einfluss bewundert, dass sie sich als Teil von ihm identifizierte, dass sie darin ihre Rolle sah und ihre Erfüllung fand.

... sein Ich steht seinem Ich noch gegenüber ... Ich habe bisher nichts mehr von seinen beiden Ichs gehört. Er ist eingeschlossen in meine täglichen Fürbitten, auch seine ganze Familie sowie alle seine Frauen. Die Ewigkeit hat alle Zeit, die Ewigkeit kennt keine Zeit.

Manuelas Vater ...

starb plötzlich vor drei Jahren. Auf Wunsch ihrer Mutter und ihrer Schwester wurde sein Körper verbrannt. Manuela vermisste ihn sehr als Vater und als Opa für ihre Kinder. Sie litt darunter, dass es keinen Ort für die Erinnerung an ihn gab.

Sie sagte, er habe Zeit seines Lebens Streit gehabt mit seinem Bruder. Alles, was ich ihr sagte, konnte sie gut einordnen und verstehen. Auch wurde sie bei unserem Gespräch noch eine Menge Kummer los. Am gleichen Nachmittag rief sie mich um drei Uhr an und sagte, um vier Uhr wollten ihre Mutter und ihre Schwester zu ihr kommen und hören, was ich gesagt hätte, aber sie habe alles vergessen, was ich am Vormittag mit ihr besprochen hatte.

Ich antworte ihr, dass dies ein guter Schutz sei für ihre eigene Seele, und dass sie ihrer Mutter und ihrer Schwester lediglich mitteilen könne, dass man solche Botschaften nicht einfach übertragen könne, dass der Vater zu jeder Person eine andere Beziehung (gehabt) hätte und dass Mutter und Schwester – jede für sich – gerne auch zu mir kommen könnten, um die spezielle Botschaft an sie zu erfragen.

Dies könne Manuela mit freundlichen Grüßen von mir ausrichten. Ich beruhigte sie weiter und sagte, dass ihr zu gegebener Zeit alles Wichtige schon wieder einfallen werde und dass es im Moment doch ganz günstig sei, wenn sie sich nicht erinnern könne. Da begann sie zu begreifen.

Manuelas Vater läuft durch eine Straße mit einzelnen Häusern. Er schaut nicht rechts, er schaut nicht links. Er geht eiligen Schrittes, er hat ein Ziel. Lange geht er schon so, ununterbrochen. Eigentlich hat er schon ein verwestes Gesicht. Er kann sich den Menschen so nicht mehr zeigen, sie würden erschrecken.

Ich bin heilfroh, dass seine Tochter zu mir gekommen ist. Ihre Aufmerksamkeit und Liebe wird ihn aus dieser Situation befreien, das fühle ich schon. Indem sie sich bei mir nach ihm erkundigt, legt sie den Grundstein für seine Erlösung.

Ich stelle mich nun vor ihn, sodass er stehen bleibt, und frage ihn, wohin er unterwegs sei. Er sagt, er müsse etwas in Ordnung bringen mit seinem Bruder, einen alten Streit, es gehe um Geld. Er ist immer noch böse darüber. Und dann kommen noch mehr Klagen und Vorwürfe. Er habe nicht verbrannt werden wollen, dies habe er nie geäußert. Alles sei so plötzlich gekommen. Wenn es kein Grab gäbe, dann könnten ihn die Leute ganz schnell abschreiben und vergessen. Von seiner Frau sei es kein Akt der Liebe gewesen, ihn einäschern zu lassen.

Auch für die eine Tochter gelte: aus den Augen, aus dem Sinn. Er sei grundsätzlich nicht dagegen, wenn sich seine Frau einen anderen Mann nähme. Während er hier immer auf der Straße unterwegs sei zu seinem Bruder, habe er viel Zeit zum Nachdenken gehabt. Wenn sie wieder heiraten wolle – in Ordnung. Er könne jetzt alles akzeptieren, außer dieser Angelegenheit, wegen der er noch immer unterwegs sei auf dieser Straße.

Er setzt sich auf den Bürgersteig, ist müde. Nun denkt er an die Tochter Manuela. Er sagt, sie habe so viel für ihn getan während seiner Krankheit. Sie solle glücklich sein mit ihrem Mann. Er wolle sie nicht stören in ihrem Leben. Aber nun sehe er, dass sie den Schritt auf ihn zugemacht habe, und das erfülle ihn mit Dankbarkeit. Er wird ganz weich, ganz wann, Tränen steigen auf bei ihm.

Er weint aus Schmerz über die Vergangenheit und aus Freude über seine Tochter. Er weint nicht richtig, Tränen fließen nicht, aber er hat das Gefühl zu weinen. Nun fällt ihm die ungelöste Geldgeschichte ein. Er sagt: „Unrecht ist Unrecht, nur weil ich nicht mehr auf der Erde bin, darf mein Bruder nicht im Vorteil sein."

Ich darf ihn an dieser Stelle nicht beeinflussen; Lösungsgedanken müssen aus ihm kommen. So versuche ich, die Umstände für ihn etwas angenehmer zu gestalten. Ich sage zu ihm, dass er nicht auf dem harten Bürgersteig sitzen müsse, dass er einen gemütlichen Sessel haben könne zum Ausruhen darin. Damit ist er einverstanden. Er schläft gleich ein. Das ist gut so, der erste Schlaf nach langer Zeit, nach drei Jahren. Der erste Schritt zur Heilung ist getan.

Beim Aufwachen ist ihm sein Problem unwichtig geworden. Er erinnert sich jetzt an die schönen Dinge im Leben, besonders an das Spielen mit seinen Enkelkindern. Er ist ein zärtlicher Opa. Für Außenstehende mag er verschlossen, ja aggressiv wirken, innen ist er ganz sanft.

Dann zeigt er mir das Grab seiner Eltern. Er hat sie gemocht. Ich soll seiner Tochter sagen, wenn sie dort hingehe, dann werde er auch dort sein, etliche Meter hoch in der Luft schwebend. Er fühlt ihr Bedürfnis nach einem Platz der Erinnerung.

Er sagt: „Wenn sie dort ihre Blumen und Gedanken hinbringt, dann werde ich alles annehmen. Und wenn sie wieder geht, werde ich wieder aufsteigen zum Licht und froh sein. Sie soll Frieden fühlen in sich und um sich herum. Und die Menschen sollen gut sein zu ihr, so gut, wie sie zu den Menschen ist. Sie soll nicht nur geben, sie soll auch empfangen. Das möchte ich ihr sagen." Ich verspreche, alles auszurichten, und bedanke mich sehr bei ihm für sein Vertrauen.

Ich sehe schwarz
Ich nicht

Harald

Eine Tochter fragt nach ihrem Vater, sein Name ist Harald.

Ich frage Harald, wo er ist. Da kommt er mit Donnergetöse und viel Elektrizität um sich herum. Fast stürmt er von draußen durch das Fenster meiner Wohnung im zweiten Stock. So war das nicht gemeint! Schnell rufe ich ihm ein „Halt!“ zu. Er muss acht Meter vor meinem Fenster draußen stehen bleiben, und ich kann mich nur dann mit ihm unterhalten, wenn Rede und Antwort in geordneter Weise erfolgen.

Er sagt: „Dass ich in meinem Alter noch so beschämt werde!“ Ich antworte, dass ich ihn nicht beschäme und er Respekt haben müsse vor der Schwelle eines anderen – in diesem Falle vor meiner Fensterbank. Nun hält er sich die Hand vor den Mund und sagt: „Ich bin ja schon still.“ Er sagt es ohne Vorwurf oder beleidigt zu sein.

Ich sage ihm: „Ihre Tochter hat nach Ihnen gefragt.“ Er krümmt sich. In seinen Augen nehme ich einen bösen, begehrlichen Lichtpunkt wahr. Solche Blicke hatte er damals auf seine Tochter gerichtet, als sie noch ein kleines Mädchen war. Er hat gemerkt, was ich bemerkte, und beginnt zu reden: „Ich kann mit dieser Last nicht mehr leben, obwohl, das ist doch gar kein Leben hier. Das ist Vegetieren mit Zwischenzeiten von Geilsein und niemals befriedigt werden,“

Nun bricht er in Heulen und Jammern aus. Es ist kein echtes Weinen. „Ich hatte da so meine Probleme. Das kam daher, weil meine Frau ja niemals wollte …“ Ich ergreife das Wort: „Was sie damals gemacht haben, das war nicht in Ordnung. Nichts gegen Ihre sexuellen Wünsche, aber was Familienstand und Altersunterschied anbelangt, hätten Sie das niemals tun dürfen. Denn es gibt einen Schutz für Kinder, ein Tabu, das nicht gebrochen werden darf. Wenn Ihre Frau keine Lust hatte, so ist das schade für Sie, aber niemand darf deshalb (s)ein Kind anfassen; Sie hätten andere Ventile finden müssen.“

Auf einmal fühle ich einen eisigen Hauch um mich herum, und Angstschweiß bricht mir aus. Mit kommt der Gedanke, dass er mich im nächsten Moment anspringen könnte, dass er von mir Besitz ergreifen will. Sofort breche ich an dieser Stelle ab und rufe meinen Führungsgeist an, den Lichtschutz um mich zu legen. Ich bin aufs Höchste alarmiert und fühle schon Berührungen am Gesicht und in den Haaren.

Gleichzeitig rufe ich dringend seinen Führungsgeist an, sich schnell, in der richtigen Weise, um Harald zu kümmern. Das tut er augenblicklich. Er legt ihn in einen mentalen Schlaf. Dann sagen die guten Geister zu mir: „Du hättest dich besser vorbereiten müssen, aber wir sind dir zu Hilfe gekommen, weil du nicht böse, sondern nur unachtsam warst. Du musst vorsichtiger sein.

Du musst zuerst immer deinen eigenen Schutz gewährleisten, sonst läufst du Gefahr, die Geistereinflüsse auf dich zu ziehen, und das ist doch nicht der Sinn der Sache. Wir können selbst im Moment nichts weiter tun für Harald. Wir schicken ihm einige Träume, damit er in ihnen Dinge verarbeiten kann, Wir warten seinen Schlaf ab. Wenn er aufwacht, sind wir wieder an seiner Seite und werden sehen, in welcher Weise es weitergehen kann und darf. Im Moment kann er keinen Schaden anrichten. Sprich ihn nicht persönlich an."

Ich denke: „Danke, ihr guten Geister, dass ihr mir zu Hilfe gekommen seid. Ich will eurem Rat folgen." Harald ist ihrer Führung anvertraut, nicht meiner! Ich bin nicht zuständig für ihn. Ich befinde mich in einer Schutzkugel aus goldenem Licht. Nur gute Einflüsse erreichen mich. So sei es, so ist es. Danke.

In der Konsultation sagte ich Haralds Tochter lediglich, dass ihr Vater noch nicht an dem Ort seiner wahren Bestimmung angekommen sei, dass aber gute Führungsgeister sich um ihn kümmern würden. Ich fragte sie dann, welche Erinnerungen sie an ihren Vater hätte, wie sie ihn erlebt hätte. Es fanden mehrere tiefgreifende Gespräche statt, in denen die Tochter eigene Erlebnisse aus ihrer Kindheit und Jugend verarbeiten konnte.

Es gibt Phasen bei Verstorbenen, bei Seelen und Geistern, da ist jede Kontaktaufnahme zu ihnen absolut falsch, ja gefährlich. Dies habe ich mit Schrecken erfahren. Inzwischen weiß ich, dass jeder Gedanke an eine

Person, jede Nennung eines Namens einen Kontakt herstellt; im gleichen Moment besteht eine Resonanz, auch ein Informationsstrom zwischen Sender und Empfänger. Deshalb ist die Kontrolle über Gedanken und Worte absolut notwendig.

Hierbei geht es nicht nur um bestimmte Namen, Personen und Wesen, deren Namen besser unausgesprochen, sogar ungedacht bleiben sollten, sondern auch um bestimmte Worte und Ausdrücke, die für jeden Menschen das Böse symbolisieren und bei Nennung durch ihre negative Fracht neue negative Assoziationen erzeugen, also, um es auf den Punkt zu bringen: mentalen Krieg und universellen Müll. Dieser liegt, fliegt, treibt, schießt, wabert dann in den mentalen Welten herum. Statt dass er aufgelöst wird, kommt immer mehr hinzu, versammelt, verknotet sich und wird zu einer immer größeren und gefährlicheren Macht.

Es ist gut und richtig, den eigenen Wortschatz einmal zu überprüfen und bestimmte Ausdrücke ganz aus dem Sprachschatz verschwinden zu lassen. Zum Beispiel Zynismus, Urteile, Verwünschungen, Flüche, Intrigen, Tratschen, Abwerten, Beschreiben von grausamen Szenen, wenn es nicht einem Heilungszweck dient, unnötige Beschreibung von Exzessen, Nennung des Namens des personifizierten Bösen schaffen immer neue Probleme in den geistigen Welten. All diese geistigen Abfallhalden müssen letztendlich entsorgt werden. Darum besser Sprengstoff und Unrat vermeiden, als ihn in späteren Zeiten entsorgen zu müssen.

In meinen Ausführungen gehe ich bewusst nicht auf Umsessenheit, Besessenheit, Versuchungen, Voodoo, Winti und Magie ein. (Ich schreibe mit Absicht nicht schwarze Magie, denn Magie, ob „schwarz" oder „weiß", will etwas selbst bewirken. Weiße Magie sagt: „Ich will, dass die Person gesund wird, Erfolg hat usw.", während das geistige Heilen sich in die universalen und kosmischen Gesetze einordnet.)

Ich möchte nicht Menschen, die mit Beeinflussungen „nichts am Hut" haben, dafür sensibilisieren, noch kann und darf ich den davon Betroffenen schnelle Ratschläge geben. Ich meine, dass in diesen Fällen sehr genau untersucht werden sollte, unter welchen Umständen, in welchen Inkarnationen die Beeinflussungen und Beschädigungen stattgefunden haben, welche Resonanz zum Absender besteht, welche Interaktionen stattfinden und welche Körper betroffen sind.

Aber auch hier gibt es keine Regel für das Gelingen einer Befreiung. Es besteht durchaus die Chance, dass Menschen, die von Kräften beeinflusst oder besetzt werden, die sie nicht wünschen, durch das wiederholte, am besten laute oder halblaute Lesen des folgenden Textes frei werden. Falls nicht, so ist das ein Zeichen dafür, dass noch etwas nicht entdeckt, verstanden und verarbeitet wurde, dass noch etwas Unerkanntes auf Erlösung wartet.

„Ich entbinde alle Menschen, Seelen und Wesenheiten von allen Schwüren, Verwünschungen, Flüchen und magischen Strukturen, die sie gegen mich oder andere Inkarnationen meiner Seele angewandt haben.

Ich löse hiermit alle Schwüre, Verwünschungen, Flüche und magischen Strukturen auf, die ich oder andere Inkarnationen meiner Seele jemals gegen Menschen, Seelen und Wesenheiten angewandt haben.

Ich verzeihe mir und allen Inkarnationen meiner Seele, was ich anderen Menschen, Seelen und Wesenheiten angetan habe; gleichzeitig bitte ich sie um Verzeihung und verzeihe ihnen.

Ich entsage allen Machtstrukturen, die mich oder andere Inkarnationen meiner Seele noch umgeben. Macht und Ohnmacht dienen nur dem Zweck, sie kennenzulernen und dann zu überwinden.

Alle Kraft, die ich neu bekomme, werde ich zum Wohle aller einsetzen. Alle Schuldgefühle, die ich oder andere Inkarnationen meiner Seele haben, lösen sich auf.

Meine Seele und ich sind mit allem, was gut ist, untrennbar verbunden. Alles, was war, ist integriert und erlöst. Ich und alle Inkarnationen meiner Seele danken den Engeln, Geisthelfern und Wesenheiten für ihre Unterstützung.

Die größte Macht im Universum ist die Liebe. Gott ist Liebe. Liebe erlöst alles. "

Albertus

Marianne und Burghard sind Geschwister, die nach ihrem Vater Albertus fragen.

Während der Aussagen von Albertus wirft Marianne immer wieder ein, dass sie gerne ihre Eltern gepflegt hätte, dass es ihr doch an nichts gefehlt habe und dass Frauen aus ihrer Verwandtschaft und dem Bekanntenkreis, die geheiratet hätten, auch kein glücklicheres Leben gehabt hätten und zum Teil schon verwitwet seien. Später schickt sie noch einen Brief, in dem sie sich bedankt für die wertvolle Stunde bei mir.

Es ist deutlich, er wollte Weihnachten und Neujahr 1992 noch miterleben, noch „erreichen"; er starb im Januar 93. Er ist der Vater von Marianne und Burghard, denke ich. „Ja", fängt er meinen Gedanken auf, „das war ich gerne, und das bin ich noch immer, obwohl meine Kinder nun auch schon in den Sechzigern sind!" (Ich höre Musik, klassische Musik. Die hört er gerne, darin lebt er.)

Er spricht von „wir" und meint damit seine Frau und sich: „Nun, da die Öffnung für uns geschaffen ist, euch zu besuchen, wollen wir, will ich das gerne tun und dankbar annehmen. Was mich betrifft, so gibt es immer noch etwas, das mir schwerfällt zuzugeben. Ich kann nicht leicht zugeben, dass dies uns/mir überhaupt passiert ist. Wir hatten ja unsere eigenen Vorstellungen von dem, was und wie alles ablaufen soll im Leben, und wir hatten auch eine bestimmte Erwartungshaltung an Marianne, was ihr Leben betraf. Das möchten wir nun richtig stellen, korrigieren.

Nun erst, hier, sah ich, welche Konsequenzen meine Einwirkungen auf Marianne hatten und noch immer haben. Mir wurde die ganze Tragweite meiner Einmischung bewusst. Wir hätten damals unserer Tochter sagen müssen, dass, wenn sie eine Bindung mit einem Mann eingehen will, sie unsere Zustimmung hat – egal, was wir davon halten –, wir hätten nichts daran zu kritisieren.

Unsere Tochter hat ein eigenes, von uns unabhängiges Leben, wir hätten ganz zurücktreten und sie sich selbst und ihrem Leben übergeben müssen. Wir hätten nicht – aus der Hoffnung heraus, dass sie lebenslang für uns sorgen möge – einer Beziehung zu einem Mann im Wege stehen dürfen. Wir hier haben viel darüber diskutiert, ich mit meinen Ratgebern und meiner Frau. Und was ich jetzt gesagt habe, ist das Ergebnis des hier Erarbeiteten. Widersprich nicht, Marianne, wisch es nicht weg, kehre es nicht unter den Tisch.

Wir haben dir einen Teil, einen wichtigen Aspekt deines Lebens genommen. Auch das ist eine Form von Diebstahl. Gerade ich, ausgerechnet ich, der sich auf Erden so über Kriminalität aufregen konnte, der Diebstahl so verachtete, habe es getan. Nicht Geld habe ich gestohlen, das wäre weniger schlimm, sondern Erfahrungen.

Ich bitte euch, Marianne und Burghard, das gut zu verstehen. Dies war die Lehre, die ich nun empfangen habe und die ich in keiner möglichen Zukunft mehr vergessen werde. Nun bin ich nicht befreit, aber erleichtert." Er pustet Luft aus, wie nach einer langen Anspannung. Dann fährt er fort: *„Ansonsten geht es mir gut. Ich bin in Ruhe, Ruhe macht hier mein Leben aus. Ab und zu treffe ich Mama, und dann sind wir (wie) ein verliebtes, junges Pärchen. Es ist noch nicht alles gut zwischen uns, und darum auch nicht möglich, dass wir hier zusammenwohnen, und so sind wir denn Verlobte."*

Ein frischer Seewind weht nun. Ich sehe Albertus auf dem Meer segeln. Die Last, die ihn die ganze Zeit so gedrückt hat, ist verschwunden, darum kann er nun wieder gut und weit sehen. Er sagt: „Ich danke meiner Tochter, dass sie dieses Gespräch möglich gemacht hat, grüße die Kinder und alle Verwandten, so weit sie dafür zugänglich sind. Es ist gut hier, und wenn alles gelöst ist, dann ist es wunderbar hier. Denkt an euch! Denkt an uns mit frohen Gedanken! Wir sind da! Wenn ihr uns brauchen werdet, dann holen wir euch ab!"

Burghard fragt nun noch nach, wie sein Vater seinen Übergang erlebt hat und ob er mit ihm in Kontakt sei. Albertus antwortet darauf: „Alles ist in bester Ordnung abgelaufen. Ich dachte, ob nun ein Gericht käme oder ein großes Leiden, aber nichts dergleichen.

Ich selbst habe es so erlebt, dass ich als Person dort allein war, doch instinktiv fühlte ich viele Wesen bei mir, mit mir und um mich herum, liebevolle Anwesenheiten. Ich wusste, dieses hier stimmte, das war wahr, darauf konnte ich mich verlassen, darauf konnte ich bauen. Es ist keine Täuschung, und es kommt nichts Arges hinterher.

Zur Beerdigung kam ich dann mit einem Teil meines Wesens wieder ein Stückchen näher zur Erde hin; die Trauerfeier fand ich schon recht ergreifend, fast schämte ich mich, dass ich diesen ganzen „Trubel" verursacht hatte, dass ich sozusagen die Hauptperson, der Mittelpunkt des Geschehens sein sollte. Euch so trauern zu sehen, hätte mein Herz zerrissen, wenn das noch möglich gewesen wäre.

Dann war ich froh, dass ihr euch getröstet habt. Ja, ich kommuniziere öfter mit dir durch Gedankenblitze. Wenn du über etwas nachdenkst, und dann fällt dir plötzlich etwas ein, dann bin ich manchmal dahinter, das macht mir Vergnügen.

Du fragst noch nach Herrn W. Das ist ein trauriges Kapitel. Ich hoffe, dass ich ihm gelegentlich helfen kann, wenn ich ihn hier zu einem kurzen Besuch sehe. Ich beruhige ihn und muntere ihn auf. Er hatte ja leider ein ziemlich ungeordnetes Erdenleben zurückgelassen. Nun räumt er geistig auf und auch er hat Helfer und Berater dabei.

Nun fragst du auch noch, wer hier denn bei mir sei. Du fragst mir noch die Haare vom Kopf, aber so warst du ja immer schon. Ich fühle die Anwesenheit von besonderen Seelen, heiligen Seelen, könnte man sie vielleicht nennen.

Doch es ist jetzt nicht der rechte Zeitpunkt, sie zu sehen, darum geht es auch nicht. Es ist jetzt der Moment, auf dem Meer zu segeln und sich den Wind um die Ohren wehen zu lassen."

129

Werner

Eine junge Frau fragt nach ihrem Bruder. Während ich mein Gespräch mit Werner beschreibe, lacht sie mehrmals herzhaft auf. Sie sagt, alles sei so typisch für ihren Bruder. Alles, was sie gehört habe, täte ihr gut. Sie habe immer gewusst, dass „es weitergehe", aber so, mit den gleichen Ausdrücken und Gewohnheiten wie auf der Erde, das sei doch überraschend.

Sie fragt, ob dies auch eine Botschaft sei für ihre Mutter und ihre Schwester. Ich antworte, dass diese Botschaft speziell und nur für sie selbst bestimmt sei, sozusagen nicht übertragbar. Sie versteht sofort, was ich meine.

Werner starb mit achtundzwanzig Jahren. Mir ist, als ob das Datum schon lange Zeit vorher feststand. Ich nehme von ihm etwas Bangen wahr, aber auch Einwilligung in seinen frühen Tod, in das Krankheitsgeschehen und den Ablauf überhaupt. Er akzeptierte alles so, wie es geschah. Mehr noch, er bedeutet mir, dass er etwas erfüllen müsse darin. Nun fühle er sich von mir verstanden und ist darüber erleichtert.

„Wie geht es dir jetzt?", frage ich. Er fragt seinerseits, ob er mich duzen dürfe. „Ja klar", antworte ich ihm. Nun ist eine kumpelhafte Vertrautheit zwischen uns hergestellt. Damit fühlt er sich sicherer. „Wie geht es dir nun?", wiederhole ich. Er sagt: „Ich ruhe (nicht) in Frieden, das heißt, ein Teil von mir ruht, ein Teil von mir ist in Frieden. Das Ganze hier kann man absolut nicht ewige Ruhe nennen, denn es passiert immer etwas, und immer geht es weiter."

„Mit welchem Teil bist du in Frieden?", frage ich weiter. Er antwortet: „In Beziehung zu und mit den Menschen, die ich kannte, eigentlich mit jedem, den ich kannte." Da fällt ihm der Hund (seiner Mutter) ein, der liegt ihm am Herzen, mit dem würde er gern spielen. Ich rate ihm, seinen Engel zu bitten, ob er im Traum mit dem Hund spielen kann, und füge hinzu: „Aber bring ihm ja kein dummes Zeug bei, keine Ungezogenheiten!" Er weiß, warum ich das sage, und wir lachen.

Ich merke, dass er noch etwas sagen will, und höre ihm zu. „Da ist ein Teil von mir, der ist nicht in Frieden, ich habe so viel Erschrecken über meinen ‚frühen' Tod bei den

Menschen verursacht. Ich habe so viel Entsetzen bei ihnen zurückgelassen. Sage meiner Schwester, dass das nicht nötig ist, sie sollen sich nicht beunruhigen. Ich glaube auch, dass wir uns wiedersehen. Ich habe auch Tante und Onkel wiedergesehen, aber das wollte ich nicht so lange. Es ist aber wohl schön, dass das möglich ist und hier gibt. Also: Keine Sorge! Don't worry, be happy. Ich nehme meine Schwester kräftig in den Arm.

Ich will nicht, dass man meine Rührung sieht. Also, was soll's, jeder, der geboren wird, stirbt auch mal. Das ist nun mal so. Nein, über anderes will ich nicht reden. Das ist/war meine Sache, darüber reden ist nicht nötig, es geht mir gut. Dahinten, zu Hause, ich meine auf der Erde, habe ich doch keine Wurzeln schlagen können ... " Nun wird es ihm zu nah, zu persönlich, er beendet selbst das Gespräch mit: „Ich muss erst mal pennen." „Mach das, Werner", sage ich, „hat mich gefreut, mit dir zu reden! Du bist ein netter Kerl!"

Joachim

Albert, Mitte dreißig, fragt nach seinem Bruder Joachim. Im Anschluss an meinen Bericht sagt Albert, dass es Joachim nie gelungen sei, seine Aggressionen loszuwerden, dass er viel Ärger und Wut gespeichert habe, ab und an explodiert sei, unerwarteterweise, und dass er so negativ gedacht habe, dass er davon krank geworden und schließlich daran gestorben sei.

Denn ein Mensch, der negativ sei, würde früher oder später unweigerlich krank. Das sei doch nun mal eine Tatsache und auch in etlichen esoterischen Büchern beschrieben.

Es täte ihm leid für seinen Bruder, wirklich sehr leid, dass er ein so frühes Ende gefunden habe ... Joachim habe mal eine Therapie machen sollen/wollen, man habe ihm dazu geraten, aber er, Albert, habe ihm davon abgeraten und gemeint „Später geht's dir vielleicht noch schlechter dadurch."

Sein Bruder habe damals auch auf ihn gehört. Und dann erkenne ich, wie sehr Albert unter Druck steht, dass er ein Ventil braucht und dieses Ventil bei ihm eben das viele Sprechen ist.

Von da an lasse ich ihn reden, reden, reden ... Er erzählt mir von der Akasha-Chronik[3] und Bilokation[4], von Uri Geller und dem Dalai Lama, und ich höre wirklich interessiert zu und sage, wie viele besondere Dinge es doch gäbe zwischen Himmel und Erde, und dass ich von ihm nur Dinge höre, die ich vorher nicht gewusst habe und dies ein Gewinn für mich sei.

Und dann sagt er: „Ich möchte doch so gerne können, was Sie können", und ich antworte ihm: „Jeder kann es, jeder weiß es, jeder hat es, jeder erfährt es früher oder später, und es ist gut, es zur rechten und nicht zur unrechten Zeit zu erfahren."

Ich sage ihm, dass im Unterbewusstsein alles gespeichert sei. Alle Antworten warteten, dass nur das Unterbewusstsein vom Oberbewusstsein für gewöhnlich getrennt sei durch die Mauer oder Schicht des Vergessens, und dass dies eine sinnvolle Schutzmaßnahme unserer Seele sei vor Chaos und Überflutung, dass wir uns wohl auf den Weg machen können, diese Schutzschicht vorsichtig zu ergründen und verstehen zu lernen, um dann in irgendeiner Zeit ungehindert vom Oberbewusstsein zum Unterbewusstsein reisen zu können, wo dann beide wahrhaft miteinander kommunizieren würden.

---

[3] Das Wort Akasha stammt aus der indischen Sprache Pali und bedeutet so viel wie „Raum". Rudolf Steiner soll dieses Wort aufgegriffen und zu „Akasha-Chronik" erweitert haben. In der Akasha-Chronik sollen alle vergangenen, gegenwärtigen und zukünftigen Ereignisse aufgezeichnet sein. Einigen hellsichtigen Menschen ist es möglich, in der Akasha-Chronik zu lesen.

[4] Das Wort Bilokation kommt aus dem Bereich der Parapsychologie und bezeichnet die Fähigkeit, sich an zwei räumlich getrennten oder entfernten Orten zur gleichen Zeit befinden zu können.

Albert fragt mich, was ich ihm denn nun rate, was er tun solle. Ich antworte, dass ich niemals jemandem etwas raten könne, denn dadurch gelangen beide Beteiligten in eine Zwickmühle. Wenn er tue, was ich rate, dann habe er es vielleicht hauptsächlich meinetwegen getan. Folge er nicht meinem Rat, denke er möglicherweise: „Vielleicht hätte ich es tun sollen."

Nach langen Überlegungen hatte ich den richtigen Ausdruck gefunden. Ich erkläre, dass ich ihm meine Begleitung „anbieten" könne. Er entscheide selbst, ob das Angebot für ihn passe, ob es ihm zusage, ob er Gewinn daraus ziehen könne. Er entscheidet, ob und wenn ja, wie oft und in welchen Zeitabständen er wiederkommen will, kann oder mag.

Dies ist nicht nur eine Empfehlung, sondern meines Erachtens die Voraussetzung, die Bedingung für jede weitere Beschäftigung mit den spirituellen Welten. Also: zuerst Brot einkaufen, staubsaugen, den Knopf annähen, die Rechnung bezahlen … und dann erst …

Joachim fragt: „Was will mein Bruder mit seiner Anfrage bezwecken? Interessiert er sich wirklich für mich, oder ist es mehr Neugier und ich bin gar nicht wirklich gemeint? So war es ja auch schon zu meinen Lebezeiten. Wer hatte denn schon mal echtes Interesse an mir? Mein Bruder kann viele Fragen stellen, ohne an dem Kern zu rühren, ja, gerade durch vieles Fragen und Reden kann verhindert werden, sich um das Eigentliche zu kümmern."

Ich frage nun: „Was ist das Eigentliche für Sie, das Wesentliche?" „Das zwischen Himmel und Erde, das Weltall", sagt er, „die Sterne, die Kometen, das ist schön, das ist das Wesentliche, das sind Wesenheiten, mit denen sich kommunizieren lässt. Von denen gibt es Antworten und keine Gegenfragen.

Ich kommuniziere mit ihnen, und dabei fühle ich mich verstanden. Das macht mich glücklich, glücklicher als alles auf der Erde. Ich wollte immer schon höher hinaus, will sagen zum Höheren. Nun habe ich das geschenkt (im Sinne von gewährt) bekommen. Hier bekommt man alles, was man will, wenn es gut ist für einen. Meine Eltern, Lehrer, Beschützer hier (damit deutet er an, dass er in der Welt dort andere Eltern hat) meinten, die Sternenkunde, verbunden mit den Hintergründen, also verbunden mit so einer Art Philosophie und Psychologie, sei ausgezeichnet geeignet für meinen jetzigen Bewusstseinsgrad. Als ich damit begonnen bzw. dies vorgeschlagen habe, haben sie gleich zugestimmt ... "

An dieser Stelle wird Albert in der Sitzung eine Woche später fragen: „Ich möchte wissen, ob mein Bruder glücklich ist." Darauf antwortet Joachim schon eine Woche im Voraus: „Mein Bruder soll mich an dieser Stelle nicht unterbrechen und Fragen stellen für seine eigenen Interessen. Er soll nicht Fragen stellen, um die Antworten zu bekommen, die er will. Er soll endlich mal zuhören. Nun bin ich dran. Er hat mich doch gefragt, was ich zu sagen habe. Wenn er eine Frage stellt, muss er auch die Verantwortung übernehmen und zuhören, nicht nur abwarten, sondern zuhören.

Er müsste das Gehörte selbst wiederholen können. Also, wie ich dir bisher gesagt habe, mein lieber Bruder ...", Joachim hält inne, „nein, so geht es auch nicht, ich kann hier nicht mit dem Zeigefinger ..., ich kann ihn auch nicht zu etwas zwingen, aber ..."; und nun wendet Joachim sich an mich: „Mein Bruder muss und soll wissen, dass er sich alle Chancen für wirkliche Kontakte, für wirkliche Nähe kaputt macht, wenn er fortwährend dazwischenfährt. Entweder er lernt es noch auf Erden, oder er hat hier schmerzvolle Erfahrungen vor sich. Erfahrung von Einsamkeit und Stille und/oder die Erfahrung, von x Leuten gleichzeitig „überredet" zu werden, „überquasselt", „plattgequatscht". Aber wir wollen ihm keine Schuld zuweisen, sicher hat er das so gelernt. Er musste es so tun und hat es nicht korrigiert.*

Er mag sich fragen, warum er so viel Gewicht aufs Wort legt, welche Vorbilder, Erfahrungen, Gefühle mit dem vielen Sprechen verbunden waren und sind. Das erfordert viel Zeit und liebevolle Selbstuntersuchung. Ursachen suchen, finden, einordnen — erst dann ist Änderung möglich.

Ich selbst habe das hier auch lernen müssen. Weil ich diesen Punkt so wichtig finde, deshalb gehe ich auf nichts anderes ein, nur auf diesen einen Punkt. Grüßen Sie meinen Bruder, sagen Sie ihm, er sei ein guter Kerl. Falls mal Unstimmigkeiten zwischen uns waren, davon ist nichts mehr da. Lassen Sie es ihm gut gehen, und lassen Sie es sich auch gut gehen. (Er meint: „Seien Sie gut zu ihm, sodass er sich wohlfühlt.") „Danke,

Joachim, danke, und grüß mir die Sterne! Besonders den Orion, wenn du da mal vor-beikommst!"

Monika

Monika starb vor ca. zwanzig Jahren als Zweiundzwanzigjährige an Krebs. Ihre ältere Schwester Ursula fragt nach ihr. Im ersten Teil zeigt Monika mir, was mit ihr und in ihr geschehen ist, im zweiten Teil spricht sie ihre Schwester direkt an.

Jetzt kann sie es endlich zulassen, dass ihr irdischer Körper zerfällt, zu Erde wird. Sie beobachtet genau diesen Vorgang und stellt fest, dass sie das nicht mehr mit Entsetzen und Panik erfüllt. Sie ist nun einverstanden damit. Damit endet für sie ein jahrzehnte-langer Kampf gegen den Verfall.

Nun endlich ist sie einverstanden mit den Gesetzen der Natur, Sie kann sich nun ‚versöhnen' und ‚vertöchtern' „verschwestern' und ‚verbrüdern'. Vergessen kann sie nun ihren Kampf auf Erden um irdische Schönheit. Damals wollte sie Schönheitskönigin werden, bis die Krankheit „ausbrach". Nun weiß sie, dass Schönheit stattfindet auf anderer Ebene, in Licht, Liebe und Herrlichkeit.

Sie ist mental den ganzen Krankheitsprozess durchgegangen, hat ihn durchgearbeitet und sich nun eine Lichtform gegeben. Sie hat sich transformiert. Manchmal springt sie in Erinnerung hin und her, denn sie will auf keinen Fall vergessen, wie sie wahrnahm und dachte, als sie noch gebunden war an das irdisch-körperliche Aussehen – sie will die Lehre ganz bewusst mitnehmen in ihr weiteres Leben. Sie lächelt und sagt: „Ja, das stimmt, ich muss die Erfahrung doch behalten, sonst wär's ja wie nicht gewesen."

Es ist deutlich, dass ihre Geschichte so ganz viel mit ihrer Familie von damals nicht zu tun hat, hat sie doch ihr eigenes Ding dort ausgedrückt. Und sollten sich Familienmit-glieder noch schuldig fühlen an ihrem frühen Tod von damals, so betrifft das lediglich deren eigenen und nicht Monikas Anteil. Sie wollte und musste die Erfahrung eines frühen Krebstodes machen, um sich bis heute weiterentwickeln zu können. Tödliche Krankheit als Chance. Aufatmen. Ja, es geht ihr gut, sie ist weise geworden.

„Ursula, ich weiß nicht richtig, ob du damals gut gedacht hast über mich, oder ob du nicht gut gedacht hast über mich. Ich selbst fand mich gar nicht so nett. Ich würde gern mit dir reden, mit dem Bewusstsein von jetzt. Ich weiß, du hast gute Gefühle für mich und ich auch für dich. Wir schulden einander nichts. Wir sind frei voneinander und miteinander, das ist gut.

Ich bin, was dich betrifft, im blauen Licht des Friedens mit dir zusammen. Hier spielt sich viel mit Licht ab. Was dich betrifft, so bin ich glücklich. Du denkst doch wenigstens noch an mich. Für dich bin ich noch immer eine existierende Person. Das tut gut. Dafür danke ich dir. Es hilft mir, mich zu erkennen. Das hilft mir, die Vergangenheit, mein Leben auf der Erde zu erkennen und zu verstehen. In Liebe, Deine Schwester Monika. "

Rudi

Ich finde ein altes, vergilbtes Foto von einem jungen Soldaten. Auf der Rückseite steht: Rudi, vermisst 1945.

Am 15.09.97 irdischer europäischer Zeitrechnung suche ich ihn auf. Aufatmen bei ihm, dass er endlich „zur Sprache" kommt. Grauen bei mir, ich fühle einen Schuss über dem linken Auge, Gefühllosigkeit im Rücken und in den Beinen. „Ja", sagt er, meine Wahrnehmung bestätigend. „Ich wurde immer als vermisst behandelt. Es hat sich ja keiner vorgestellt, auf welche Weise ich ... gefallen bin."

Rudi kommt nicht allein. Hinter ihm steigen nun – wie in einem alten Schwarz-Weiß-Film – die Schemen von Hunderten, Tausenden, Hunderttausenden gefallenen Soldaten auf. Sie haben die Öffnung, die ich für Rudi geschaffen habe, wahrgenommen und drängen nun nach vorne, um endlich auch gesehen und gehört zu werden.

Diese hier sind, sind alle mehr oder weniger Gefangene des Kriegsfeldes, Gefangene der Kampfesszenen, Gefangene des Krieges selbst. Dahinter stürmen die Soldaten anderer, früherer Kriege nach, wie in einem gewaltigen Angriff des Leides und der Verzweiflung. Worte können nichts beschreiben. Fast möchte ich ohnmächtig sein.

Ich stehe ihnen gegenüber. Vor mir brechen sie in die Knie. Sie bitten flehentlich um Wasser, Brot, Schuhe und Decken, Verbandszeug und Sanitäter. Sie schreien: „Vergesst uns nicht, vergesst uns nicht! Lasst dies alles nicht umsonst geschehen sein, bitte! Erinnert euch unser, lernt von eurem und unserem Leid. Gebt uns Gedanken! Gebt uns Gedenken! Vergesst uns nicht, auch nicht nach fünfzig Jahren. Fünfzig Jahre sind gar nichts für viele von uns. Ihr habt keine Antwort gegeben auf unseren Untergang. Ihr habt nur an euren eigenen Untergang gedacht, und wie ihr euch schnell daraus befreien könntet.

So habt ihr euch möglichst schnell von uns befreit. Doch das könnt ihr nicht! Ich spreche nicht mehr als Individuum Rudi. Ich bin jetzt in diesem Augenblick das Sprachrohr, das Megaphon des Krieges schlechthin. Gedacht haben an uns die Mütter, die Väter und die Kinder. Sie haben die ganze Last des Krieges getragen. Die Gesellschaft hat fast nichts getan.

Gedenkfeiern und Ehrenmonumente sind nicht genug. Sie dienten eher eurer eigenen Befriedigung und Beruhigung. Vielleicht ist euch der Zusammenhang nicht klar. Ihr habt ja nie viel nachgedacht seit dem Zusammenbruch, wie ihr es nennt. Zusammenbruch? Ein Desaster war es, eine Hölle war es und ist es für viele hier noch immer.

Viele von uns hier sind immer noch am Kämpfen, am Schießen und am Verbluten. Ich bin noch hier, weil ich ihnen beistehen möchte. Ihr aber habt uns im Stich gelassen. Ihr wolltet nur vergessen, vergessen und Wohlstand aufbauen. Ihr habt euch nicht klargemacht, dass jeder Krieg einen neuen, einen nächsten Krieg gebiert, so, wie der Zweite die Folge des Ersten Weltkrieges war und – habt ihr nicht gut gesehen?

Die Kriege und Kriegchen springen von einem Kontinent zum nächsten. Ich bin kein Revanchist. Aber ihr müsst doch einsehen, dass das kriegerische Potenzial immer weiterbesteht und sich neue Völker und Gelegenheiten sucht, um zum Ausdruck zu kommen. So vollzieht sich Apokalypse auf Apokalypse. Ihr, ihr auf der Erde Lebenden habt die Zukunft in euren Händen."

„Was sollen wir tun, Rudi?", frage ich. Er antwortet: „Erinnert euch an uns, lernt von unserem und eurem Leid! Gebt uns Gedanken! Gebt uns Gedenken! Lasst dies alles nicht umsonst geschehen sein. Es wäre gut, wenn ihr regelmäßig in Gruppen zusammenkämt, um unser zu gedenken. Erbarmt euch unser.

In euren Zusammenkünften könntet ihr Einzelne von uns, später ganze Einheiten zum Lichte führen. Damit tätet ihr uns, aber auch euch und dem Fortbestehen der Erde einen großen Gefallen. Ich möchte euch nicht drohen, und Fluchen ist nicht meine Art.

Ich möchte euch nur warnen mit einem Wort: Wehe, wehe, wenn die gefallenen Krieger aller Kriege nicht befriedet werden. Ich kann euch nur bitten zu tun, was ich sage, trefft euch zu zweit oder in Gruppen, sendet uns Aufmerksamkeit und Licht. In dem Maße, wie ihr uns helft, helft ihr euch selbst und der ganzen Welt. Rettet uns und rettet euch!"

Brigitte

Roman fragt nach seiner Schwester Brigitte. Sie hatte den größten Teil ihres Lebens in psychiatrischen Anstalten verbracht. Die ärztliche Diagnose war Schizophrenie. Am Beispiel von Brigitte wird deutlich, dass ein Mensch nach irdischen Bewertungen geisteskrank, unheilbar krank, doch im tiefen Kern der Seele rein, klar und gesund sein kann. Das heißt, dass Seele und Geist dieser Person, die den Namen Brigitte trug, gesund sind, dass sie in ihrem irdischen Leben jedoch alle Krankheitserscheinungen hatte, die als Schizophrenie bezeichnet werden, und dass sie auch entsprechend litt.

Sie war krank und leidend an der Peripherie, während ihr innerstes Wesen, ihre eigentliche Persönlichkeit „in Ordnung" war. Bei jemand anderem mit der gleichen Diagnose kann das anders sein. Nicht ein „Fall" gleicht dem anderen. Nicht zwei Menschen sind gleich, insofern ist es jedes Mal anders, was der Mensch erlebt und erfährt nach seinem Tode. Es gibt keine Stereotypen.

Ein „Irrer" kann im Wesen erleuchtet sein oder das genaue Gegenteil. Ein Pfarrer kann ein Heiliger sein oder ein Unheiliger. Ein Selbstmörder, Mörder oder Verunglückter kann ein Erlöster sein oder ein Unerlöster. Er kann unmittelbar nach seinem Sterben in den Frieden eingehen oder in den Unfrieden.

Krankheiten können und dürfen nicht einfach Charakterschwächen und -fehlern zugeordnet werden, das kann unrichtig sein; in jedem Fall ist es unbarmherzig, solche „Diagnosen" kundzutun. Was wissen wir denn, wie alles zusammenhängt?

Wir sehen immer nur ein Detail, einen Aspekt. Dieser mag stimmen, das Ganze kennen wir damit noch lange nicht. Wenn wir „eines Tages", in Äonen vielleicht, fähig sind, das Ganze zu sehen, weil wir selbst ganz sind, dann gibt es mit Sicherheit keine Urteile mehr, nicht einmal mehr Bewertung.

Ich bitte das Licht selbst um Licht und Schutz für Brigitte, ihren Bruder Roman und mich und um Zustimmung für einen Besuch bei Brigitte. Ich sehe eine Kugel aus und voll Licht, maigrün, zartrosa und hellblau. Dieses Licht, das nicht nur Licht, sondern ein begnadeter Zustand ist, befindet sich in einer goldenen Kugel. Es ist darin geborgen. Es ist still, sich selbst, ewig. Um die goldene Kugel herum, also von ihr aus gesehen außerhalb, spielten sich Krankheit und Tod ab. Krankheit und Tod spielen sich außerhalb ab.

Tim

Urgroßmutter von Tim. Sie muss ungefähr 1850 geboren sein. Sie war/ist eine indonesische Frau; niemand kennt ihren Namen.

Sie beginnt: „Ich habe Tim durch alle Gefahren begleitet, ich habe ihn behütet, aber alles konnte ich nicht von ihm abhalten." Sie ist weit entfernt von irdischen Gedanken und irdischem Verhalten. Sie ist nicht mehr inkarniert zwischenzeitlich. Sie ist ruhig, nein, sie ist die Ruhe selbst, geborgen in der Tradition ihres Glaubens, ihrer Religion.

Ich sehe rote und goldene Figuren, rieche Kerzen und Weihrauch. Sie ist aufgegangen in Stille und Frieden. Gemeinsam mit anderen lobpreist sie (ihren) Gott in Demut. Sie ist ein Teil dieser Gruppierung; diese Wesen sind eins in ihrem Sinne, sie machen keine Bewertungen, stellen keine Fragen, bewegen sich nicht hin und her. Wieso und Warum existieren für sie nicht (mehr).

Wenn sie nicht in ihrem Tempel sind, schauen sie nieder auf Landschaften, Erde, Berge und Seen ihrer Heimat. Sie beschützen bestimmte Menschen, ihre Familien und die ganze Gegend. Sie möchten ihren eigenen Frieden ausströmen (lassen) über ihr Land. Dabei/ dadurch werden sie froh.

Tims Urgroßmutter gibt mir noch eine Botschaft für ihn. Sie „sagt", er möge sich etwas suchen und möge etwas finden im Leben, auf Erden, das ihm etwas bedeutet, an das er glaubt, das ihm etwas wert ist, etwas, an das er sich zu allen Zeiten und in allen Situationen halten könne. Das wünscht sie von ihm und für ihn.

Das Thema **Selbstmord** berührt fast alle Menschen tief. Fast jeder ist schon damit in Berührung gekommen, sei es durch eigene Gedanken, sei es in der Verwandtschaft oder im Bekanntenkreis.

Der Suizid wird deshalb als so schockierend erfahren, weil er so end-gültig ist; er kann nicht mehr ungeschehen gemacht werden, und keiner kann den anderen mehr auf normalem Wege erreichen.

Ursachen für einen Selbstmord gibt es viele: Stoffwechselerkrankungen, Zwangs- und Wahngedanken, geistige Verwirrung, Besessenheit, Trauma, Außeneinflüsse, Schuldzuweisungen und Schuldübernahme können eine Rolle spielen. Menschen „wählen" die Selbstmordart, die zu ihrer seelischen Verfassung passt. Durch eine bestimmte Todesart möchten sie die äußeren Umstände den inneren anpassen, das heißt, eigentlich wollen sie die Übereinstimmung von außen und innen erzielen.

Indem sie sich zerschmettern, zerreißen lassen, verbrennen, erfrieren lassen, sich betäuben oder ersticken, wollen sie eigentlich Erlösung. Nur ist der Versuch, auf diesem Wege Einheit zu erzielen, ein Irrtum, denn sie bezahlen mit dem (irdischen) Leben. Bei dem Tod „durch eigenen Willen" ist die Erfahrung des Sterbens und des nach-todlichen Zustandes jedes Mal verschieden. Wir wissen nicht, ob noch im letzten Moment die Tat bedauert wurde, aber nicht mehr rückgängig gemacht werden konnte.

Eigentlich wissen wir nur eins: Wenn die Person anders gekonnt hätte, hätte sie nicht diese Todesart gewählt, also kann gar nicht von gewählt gesprochen werden. Eine Selbsttötung ist niemals ein Freitod, denn das Wesen des Lebens ist leben und leben wollen.

Wie bald (zeitlich gesehen) nach einer solchen Tat eine Seele sich in glücklicheren Sphären befinden kann, zeigt das Beispiel einer jungen Frau, die ich selbst gekannt habe. Während sich Familie, Freunde, Bekannte und Arbeitgeber noch mit heftigen Schuldgefühlen und Selbstvorwürfen quälten, weilte sie bereits in Seligkeit und versuchte, die Hinterbliebenen zu beruhigen und aufzuheitern. Sie erschien nicht nur mir im Wachzustand, sondern auch ihrem Vater im Traum, um ihm zu sagen, dass sich niemand beunruhigen möge.

Die katholische Kirche hatte lange Zeit ein herbes Urteil über die sogenannten Selbstmörder, umso tröstlicher, dass vor Jahren etwa ein Pfarrer von Ars anlässlich des Todes einer Selbstmörderin, die von einer Brücke ins Wasser gesprungen war, sagte: „Zwischen der Brücke und dem Wasser liegt die Barmherzigkeit Gottes."

Eine junge Frau, die ich gut kannte, stürzte sich einen Tag vor ihrer Entlassung aus dem Fenster eines psychiatrischen Krankenhauses. Eine Woche später fand die Beerdigung statt. Am Morgen dieses Tages stand ich vor meinem Kleiderschrank und überlegte, ob ich ein schwarzes oder farbiges Kleid anziehen solle bzw. müsse. Während ich da so stand, hörte ich plötzlich eine Stimme hinter mir, die fröhlich, beinahe belustigt klang: „Also wegen mir brauchst du keine schwarzen Klamotten tragen". Ich drehte mich um, „niemand" war da, nun wählte ich ein farbiges Kleid aus.

Ronny

Herr R. hat vor vier Jahren seinen Freund Ronald M., genannt Ronny, verloren. Ronny war Mitte dreißig und verunglückte auf einem westdeutschen Bahnhof. Er war auf die Schienen geraten, zwischen zwei Züge. Er lag noch einige Tage im Krankenhaus und starb dann. Herr R. wusste nicht, ob sein Freund sich damals das Leben nehmen wollte oder nicht.

Nachdem ich Herrn R. mein Gespräch mit seinem Freund Ronny wieder-gegeben hatte, kam seine eigene Not zum Vorschein. Er berichtete mir, dass sein Freund ihn zwei Tage vor seinem Unfall angerufen habe und er, R., habe gesagt, er habe keine Zeit zum Telefonieren, auch keine, ihn zu treffen. Und dann brach es tief aus ihm heraus: „Das würde ich heute niemals mehr sagen, das würde ich heute anders machen."

Ich sage nun zu Herrn R.: „Sie sind zurückgegangen in der Zeit bis zu dem Moment, den Sie bereuen, damit haben Sie den Knoten gelöst. Sie können nun ohne die Last Ihres Schuldgefühls weiter durchs Leben ge-hen. Sie haben auch gesagt, dass Sie es in Zukunft in einer ähnlichen Si-tuation anders machen werden. Damit haben Sie Ihren (An-)Teil geklärt und gelöst." Herr R. kann das gut nachvollziehen. Er sagt traurig: „An den Fakten ändert es aber nichts."

„Doch", antworte ich entschieden, „es ändert alles! Die Welt, in der Ronny sich bewegt und in der wir uns im Moment auch befinden, ist die mentale Welt. Sie ist die eigentliche Realität. Und in dieser mentalen Welt haben Sie eine neue Realität geschaffen. Sie haben soeben „auf Erden" etwas gelöst. Im gleichen Moment ist das auch „im Himmel" gelöst. Au-ßerdem, Ihr Freund hatte nicht ein einziges Wort des Vorwurfs gegen Sie. Wieso wollen Sie sich dann welche machen?" „Ja", sagt Herr R., „das ist wahr, und Hauptsache, Ronny kann wieder lachen!"

Das Erste, was ich wahrnehme, ist ein Schlag, ein Stoß. Davor hat er Angst, da sitzt er noch „drin". Dann ein tiefer Atemzug von ihm, weil er nun merkt, dass jemand etwas erkannt hat von ihm, von seiner Situation. Er wird einige Meter weggeschleudert. Ich sehe ihn neben seinem Auto im Sand liegen, in einer kargen südlichen Landschaft. Ich sehe eine Flasche Alkohol, eine Flasche ohne Etikett. Es könnte sich um billigen Alkohol handeln oder um illegalen, er kommt mir fast giftig vor.

Ich frage Ronny nun, ob ich mit meinen Wahrnehmungen auf dem richtigen Weg bin. Er antwortet ausweichend, als ob er etwas nicht zugeben, nicht offenlegen, ein Geheim-nis bewahren will. Ich sage ihm, dass ich nicht eindringen will in ihn und dass ich mit

Polizeirecherchen nichts zu tun habe. Er ist kaum fähig zu denken, fragt nun aber doch ganz folgerichtig: „Mit was denn dann?"

Ich antworte: „Der Herr R. hat sich nach Ihnen erkundigt." Sofort fragt er zurück: „Will der mich denn im Krankenhaus besuchen?" Da merke ich, dass er nicht weiß, dass er ... ist. Dieses kleine Wort darf ich nicht schreiben oder denken, das würde ihn zu sehr erschrecken. Er glaubt noch, dass es bald eine polizeiliche Untersuchung geben wird wegen seiner Angelegenheit, und dass er verwundet ist.

Er ist viel müde, im Dämmerzustand und hat keinen Zeitsinn. Ich finde es lieb, dass Herr R. sich von der Erde aus um seinen Freund kümmert. Vielleicht ist das Ronnys letzte Chance, noch von der Erde aus Hilfe zu bekommen, indem und weil nun Aufmerksamkeit auf ihn gerichtet wird.

Ich schaue nun aus nach Herrn M.s Schutzgeist. Als ich den wahrnehme, wechselt dieser seine Lichtfarbe von blau nach rosa und sagt: „Ich kann nicht eingreifen, dieser hier muss noch einige Stufen durchlaufen. Er ist im Grunde ein guter Kerl. Einige Irrtümer sind noch von ihm einzusehen und zu korrigieren." Ich bitte den Engel nochmals ganz herzlich, verstärkt bei Ronny zu sein und das jeweils Richtige für ihn zu veranlassen.

Ronny hört nun seinen Namen, er lächelt, grinst ein bisschen. Er hat diesen Namen so gern gehört, es ist sein Kosename. In einem Schub von Erkenntnis und Weitsicht sagt er nun: „Wenn der Rother dann hierherkommt, dann werde ich ihm einen lustigen Empfang bereiten, irgend etwas mit Sekt und Tatarata, wie eine Fanfare ...". Nun wird es echt lustig. Ich denke amüsiert: „Lebemann."

Ronny fängt meine Gedanken sofort auf und lacht wieder: „Ja, ja, schön wär's ja, Lebemann! Das bin ich ja nun nicht mehr." Also hat nun schon bei ihm die volle Einsicht gegriffen, dass er nicht mehr auf polizeiliche Untersuchungen warten muss, dass er nicht mehr im Krankenhaus ist, sondern ganz woanders. Das Wort Sphäre findet er komisch und lächerlich, das Wort Jenseits findet er zu getragen und schwer.

Deshalb frage ich ihn: „Wie würden Sie das denn bezeichnen, wo Sie jetzt sind?" Er sagt: „Das Hier halt." Er bedankt sich bei mir für die gute Pflege, so nennt er meinen

Kontakt mit ihm. Er bedankt sich bei seinem Freund Rother (Spitzname) für sein Sichkümmern um ihn und das Einfühlen und sagt dann: „Bis auf Weiteres, Adieu, gute Frau." Ich antworte: „Adieu, lieber guter Ronny. Dein Schutzgeist ist immer bei dir. "

Nach dem Stoß und dem Weggeschleudertwerden habe ich Ronny im Sand liegend neben (s)einem Auto gesehen in karger (südamerikanischer?) Landschaft und keinesfalls auf dem Schotter zwischen den Bahngleisen einer westdeutschen Stadt. Dies „stimmte" also nicht. Ich will das Bild nicht zurechtschneidern, nicht richtig-reden, darum kann und darf es nicht gehen. Doch gibt es verschiedene Erklärungen und Möglichkeiten:

1. Es war **meine** Idee, **meine** Interpretation und kam aus **meinem** eigenen Geist.

2. Ronny ist wirklich früher in diesem Leben einmal mit dem Auto auf eine solche Art und Weise verunglückt. In diesem Falle hätte ich eine **Erinnerung** von Ronny aufgegriffen.

3. Ronny ist in einem früheren Leben in einer solchen Landschaft real zu Tode gekommen. Es passiert oft, dass bei gleichartiger Gefühlslage und Situation sich die Bilder mixen. Dann hätte ich ein Bild aus einer früheren Inkarnation von Ronny gesehen.

4. Ronny hat zu Lebzeiten über ein solches Unglück nachgedacht, darüber phantasiert, es sich ausgemalt. Gedanken und Phantasien sind auch Tatsachen, Dinge, die im kosmischen Bewusstsein als Schwingungen, Farben, Formen, Töne, Gestalten und Figuren gespeichert sind. In diesem Fall wäre ich in Kontakt mit einer früheren **Phantasie** von Ronny gekommen.

5. Ronny hat im Augenblick nach dem Stoß gedacht, er sei in Südamerika mit dem Auto verunglückt. Dann hätte ich seine **Vorstellung**, seine Annahme aufgefangen und in den „Film" eingebaut.

Siegfried

Die Person, welche ich am längsten begleitet habe, ist Siegfried. In einer Ehekrise hatte er als Vierundzwanzigjähriger durch einen Kopfschuss sein Leben beendet. 1980 war ich noch nicht sehr vertraut mit den Phänomenen aus und in der geistigen Welt. Unbekümmert und unbedarft fragte ich mich während einer Gruppenmeditation, fragte ich Siegfried, was er denn jetzt so tue.

Da kam von der Seite her eine Art Stromstoß, fast wäre ich vom Stuhl gefallen. Ich zitterte am ganzen Körper, und mir entfuhr ein Schrei. Glücklicherweise hatte einer der Anwesenden gemerkt, dass etwas mit mir geschah. Er nahm mich sofort fest in die Arme. Er wusste genau, was er tat und warum.

Am Abend traf ich diesen alten Mann wieder. Neugierig, wie ich war, wollte ich von ihm wissen, was er denn nun gesehen habe. Er antwortete, dass er darüber nicht sprechen möge, dass die Situation ja nun vorbei und gut sei. Er ließ auch durchblicken, dass es absolut nicht sinnvoll sei, ruhende Dinge anzurühren, aufzustochern oder abwesende Geister aufzurufen und damit anzulocken.

Ein Stück weiser, aber gleichzeitig frustriert, gab ich mich zufrieden … Dies war meine erste, gravierendste und erschreckendste Erfahrung mit „der anderen Seite von Gott". Wie oft, bis heute, denke ich an den alten Mann und daran, wie recht er hatte.

Siegfried 1986

Etwa sechs Jahre später sehe ich Siegfried „zufällig" als kleinen Jungen. Er steht auf einer Wiese und weint nach seiner Mutter. Ich versuche, ihn zu beruhigen, zu trösten.

Siegfried 1991

Weitere fünf Jahre später sehe ich ihn wieder. Er ist grau, lichtlos, schlapp, erschöpft. Die Aura hängt in Fetzen herunter. Nach sorgfältiger mentaler Vorbereitung frage ich ihn: „Warum siehst du so aus?" Siegfried: „Ich habe mich verausgabt, ich war so lange wütend, ich habe getobt, aber das bringt alles nichts."

Ich: „Nein?" Siegfried: „Ich bin auch kein Mann mehr, fast geschlechtslos, und dann die hängenden Trauerkleider ..." Ich: „Trauerst du?" Siegfried: „Nicht wirklich, ich fühle fast nichts." Als er das sagt, wird seine Kopfwunde rot. Nun beginnt das Blut wieder zu fließen. Durch mein Interesse beginnt er wieder etwas zu leben. Er sieht zu mir auf, offenbar nimmt er jemanden neben mir wahr.

Siegfried: „Wer ist da bei dir?" Ich: „Der ist (auch) mein Helfer. Er hat gute Gaben und assistiert mir hier bei unserem Zusammentreffen." Siegfried: „Das bedeutet, ich muss noch einmal (er stockt) ‚den Unfall' fühlen?" Ich: „Noch mal ansehen, verstehen, warum das alles, und danach kannst du dich fragen, wozu hat es genutzt hat."

Siegfried: „Zu gar nichts." Ich: „Bereust du es?" (Damals war ich noch vorschnell.) Ich wollte etwas Bestimmtes von ihm hören. Ich wollte — ich wollte! — etwas Bestimmtes. Ich wollte etwas Bestimmtes von ihm. Ich wollte, dass er ... Dass es so nicht geht, nicht gehen kann, erfuhr ich direkt. Siegfried: „Wie sollte, wie kann ich bereuen, ich fühle doch nichts." Ich: „Wenn du zum Fühlen kommst, wenn du fühlst, dann wird die Wunde durchblutet. Es wird bluten und wehtun."

Siegfried: „Besser so als dieses Leben." Ich (immer noch nicht weiser geworden) sage, was wir nun machen werden, anstatt ihn zu fragen, was er vorschlägt. „Dann bitten wir den dafür zuständigen Geist, dich durch diese Prozedur hindurchzugeleiten von Schritt zu Schritt, über Wiedererleben, Erkennen, Bereuen, was du dir und anderen damit angetan hast, zur Heilung ..." (Wieder unterläuft mir ein entscheidender Fehler: Ich sage geleiten, ich müsste sagen begleiten, falls du das willst.)

„Dann, wenn du weinst, wird ein Engel kommen und dich zu Gott tragen." Seine Antwort: „Schön wär's." Mir wird deutlich, dass ich so nicht vorgehen kann. Mir bleibt nichts anderes übrig, als zu sagen: „Danke dir für heute."

Siegfried 1994

Inzwischen habe ich etliche Heilerseminare absolviert und möchte das Siegfried-Problem endgültig lösen. Ich nähere mich ihm äußerlich forsch, aber innen doch argwöhnisch. Er nähert sich mir auch. Er wirkt vernünftig. Er wirkt wie einer, mit dem sich reden lässt.

*Er kommt als erwachsener Mann, trägt einen dunklen Anzug, weil er sich das vor- stellt und weil er das **denkt** und will. Diesmal kommt er nicht als Kind und nicht als Schwerverletzter. Er kommt als eine Art Verhandlungs- oder Geschäftspartner.*

Er sagt: „Wenn du mir deine Kraft gibst, dann gebe ich dir alles." Verwirrt und verstört frage ich zurück: „Wie alles, was alles?" Siegfried: „Alles, alles, was du willst." Ich sage: „Ich will nix." – Damit ist das Gespräch beendet. Wir gehen ausein- ander.

Siegfried 1996

Ich sehe ihn irgendwo herumliegen. Er ist ohnmächtig. Vorsichtig nähere ich mich ihm, bleibe ein paar Meter von ihm entfernt stehen. Nach einiger Zeit erholt er sich wieder etwas. Ich merke, dass ich selbst es bin, die ihn mit ihrem Augen- und mit ihrem Her- zenslicht etwas anfüllt, dass er von meiner Wärme und Kraft lebendiger wird und zu Kräften kommt. Mühsam steht er auf ...

Ich stehe gebannt da und starre auf das, was da passiert. Siegfried nimmt etwas in die rechte Hand, dann nimmt er die linke Hand dazu und führt beide Hände, hebt beide Hände bis in Kopfhöhe ... Nun zerbirst sein Kopf in tausend Stücke, bewusstlos fällt er zu Boden, blutet aus, bis das letzte bisschen Licht aus seinem Körper herausgeflossen ist ...

So liegt er einige „Stunden", bis er langsam wieder zu sich kommt, die Augen öffnet, mich ansieht; er möchte Kraft, Licht und Wärme aus mir herausziehen, aber ich will sie ihm nicht (mehr) geben, denn er würde nur wieder und wieder wiederholen, was ich soeben miterlebt habe. Er ist gefangen im Automatismus seiner Tat. Durch weitere Wiederholungen kommt er da nicht heraus.

So kann ich ihn nur dort in dem Zustand lassen, in dem er sich nun befindet. Durch meine fortwährenden „Kraft- und Blutspenden" würde ich sein Leiden nur verlängern, fortsetzen, und ich selbst würde leer dabei.

Wie dringend hätte ich nun einen Supervisor für Geisterangelegenheiten nötig! Ich kenne keinen, ich finde keinen, bin allein. Alle paar Monate schaue ich nach Siegfried, ob sich etwas tut. Ein ganzes „irdisches" Jahr liegt er ohnmächtig dort im Irgendwo.

Siegfried 1997

Dann geschieht doch etwas „anderes". Ich weiß, dass Siegfrieds Mutter sich bereit macht, diese Erde zu verlassen. Vielleicht hat auch Siegfried diese Nachricht erhalten. Jedenfalls sehe ich ihn eines Abends als etwa Achtjährigen wieder. Er schreit fürchterlich: „Mutti, Mutti!"

Ich bringe Siegfried ins Krankenhaus. Da sitzt er in seinem Bett. Er hat einen weißen Kopfverband an. So schnell als möglich hole ich seine Mutti und auch seinen Papa herbei. Sie übernehmen jetzt die Pflege ihres kranken Kindes, zeitversetzt, rückwirkend versorgen sie ihn. Ist er doch im Moment mental ein Achtjähriger, so trägt er doch schon mental die Kopfwunde als Vierundzwanzigjähriger und den Verband dafür.

Jedenfalls – und das ist das Einzige, was zählt – versorgen die Eltern ihren kleinen Jungen, spielen mit ihm, haben alle Zeit der Welt und lachen miteinander. Sie machen Spielchen mit kleinen Spielzeugen und lassen ihn mit dem Strohhalm trinken, was ihm großen Spaß macht. Nun fühle ich die Lösung kommen: In einer Zukunft werde ich mit Siegfried, wenn er so weit ist, weiter in der Zeit gehen, in die Zukunft von damals bis zu dem Schicksalsereignis, bis zu dem Moment vor der Tat. Dann wird er in einer geistigen Übung die Krise, sein Eheproblem, konstruktiv und lebend durchstehen, überstehen und bewältigen.

Jetzt braucht er nur noch die Liebe und Pflege von Mutti und Papa. Wenn er groß und stark genug ist, wenn er dann wieder vierundzwanzig Jahre alt ist, wird er sein Problem von damals gewaltfrei lösen, das heißt lösen, ohne sich dabei zu zerstören. Die Erlösung ist in Sichtweite, die Erlösung liegt in seiner eigenen Sichtweise.

„Meine Güte", sage ich zum Abschluss, „Mensch Siegfried, du hast doch nicht umsonst deinen Namen erhalten!"

Heide

Als junges Mädchen reiste Heide nach Norwegen und gilt seitdem als vermisst.

Ich sehe lange blonde Haare, Heide schüttelt ihre Mähne. Dann sind die Haare kurz geschnitten. Nun nehme ich eine Starre in ihrem Körper wahr, auch in ihrer Seele. Sie flucht kräftig und äußert sich zynisch. „Was kann ich für dich tun?", frage ich sie. Sie schluckt und keucht fortwährend.

„Nimm mir das ab, nimm mir das ab", keucht sie. Ich bin ratlos, weiß nicht was und wie. Aus meiner Ratlosigkeit heraus sage ich unpassend und ungeschickt: „Du bist schon vor längerer Zeit gestorben, Heide. Geh zum Himmel."

„Was soll ich denn in den Wolken, da ist doch auch nichts", antwortet sie. Nun bin ich froh, denn sie reagiert sinnvoll, und ich finde den Faden: „Glaubst du denn an irgendeinen Sinn, an irgendeine Kraft, irgendein Ziel ...?" Sie übernimmt: „Ja, ich suchte etwas, für das es sich zu leben lohnt, aber das fand ich nicht auf der Erde. Darum will ich alles kaputt machen, meine kleinen Spielzeugfigürchen, die Püppchen, die Tierfigürchen, alles, alles will ich kaputt machen. Nur die Bäume nicht, ich glaube an die Natur."

„Ja, liebe Heide, dann hefte deine Aufmerksamkeit auf die Natur. Du kannst Großes darin leisten, indem du dich von der Seite aus, auf der du dich nun befindest, damit beschäftigst, die Natur zu lieben, zu pflegen, zu schützen und zu verbessern. Es gibt auch viele Naturgeister, die der Natur helfen, denn auch sie sind lebendige Wesen.

Diesen Naturgeistern kannst du dich anschließen. Dann bist du in einer Gruppe, und ihr habt ein gemeinsames Ziel."

Und Heide zeigt mir, was sie will: Sie will mit dem Nebel aufstehen und mit der Sonne untergehen, sie will über den Wassern tanzen, in der Nacht schlafen, aber auch wachen, sie will Pilze und Gewächse betrachten, lieb haben und vor Vernichtung schützen.

Nun wird sie müde und schläft ein unter einem Baum in einer Mulde. Süß und sanft schläft sie. Nach all dem Grauen hat sie ihr Wesen, die Liebe zur Natur, wiedergefunden. Sie ist beseelt von dem Natürlichen, nach dem sie sich immer gesehnt hat.

„Hallo, liebe Heide, schlaf schön. Die Naturgeister sind mit dir und schützen dich. Lebe wohl, Heide, lebe wohl."

Peter

Peter kam vor einigen Jahren als sehr junger Mann in Jugoslawien bei einem Verkehrsunfall ums Leben. Die Umstände seines Todes wurden nie richtig geklärt. Im Polizeibericht stand als Unfallursache „überhöhte Geschwindigkeit". Regine, die mit ihm die gleiche Hauptschule besucht hat, später nie wieder Kontakt mit ihm hatte, erfuhr vor Jahren von Peters tödlichem Unfall. Das ließ sie nicht mehr „in Ruhe". Als sie mich kennenlernte, bat sie mich, nach Peter zu schauen.

Dies ist ein Beispiel dafür, dass auch eine Person, die nicht aus der Familie oder dem Freundeskreis des „Verstorbenen" stammt, durch ihr Sichsorgen und ihr Sichkümmern eine entscheidende Wende in der Situation des Verstorbenen herbeiführen kann.

Peter selbst fragte (sich) bei diesem Erstkontakt nicht, wer denn veranlasst hatte, ihn zu besuchen. Zu sehr war er mit seiner eigenen Not beschäftigt. Erst nach mehreren Wochen meldete er sich bei Regine wie ein großer

Bruder, der immer mal aus einigem Abstand nachschaut, ob es ihr gut geht.

Dieser Bericht ist auch ein Beispiel dafür, dass Geister, wenn sie so weit sind, in Sekundenschnelle aufsteigen können in eine ganz andere Sphäre.

Peter hat das Leid auf Erden und drüben tief gekostet. Die Erlösung davon war gewaltig und wunderbar.

Gerade diese Person ist mein persönlicher Freund, Beschützer und Mitarbeiter auf/von der anderen Seite geworden. Wann immer ich in Not bin – Peter ist einer, der sofort bei Anruf herbeieilt. Er kennt Elend und Unglück aus eigener Erfahrung. Er tut nichts lieber, als anderen da rauszuhelfen.

Für mich ist das natürlich wunderbar. Auf diese Weise bauen wir langsam ein grenzüberschreitendes Netzwerk auf, eine Art interkosmische Zusammenarbeit. Wir assistieren einander und haben Spaß dabei.

Wie immer beginne ich mit einer Einstimmung: „Herr, guter Gott, lass bitte alles, was durch diese Kontaktaufnahme sichtbar und fühlbar wird, zum Guten gereichen für die betreffende Person sowie für ihre Angehörigen und auch für die Menschen, die diese Person gekannt haben."

Dann denke ich an Peter, an die Person, die gemeint ist im Universum mit dem Namen Peter. Meine linke Hand wird heiß. Ich bekomme zu tun mit einer gewaltigen Spannung auf/von der linken Seite und gebe die Anweisung an das Wesen Peter, sich fünf Meter von mir entfernt aufzustellen, um von dort aus mit mir zu sprechen und seine Angelegenheit in Ruhe vorzutragen. Die Person willigt in diese Gesprächsordnung ein, und ich stelle die erste Frage: „Wie geht es dir?" Um Peter herum sind Turbulenzen, Kraftströme, Wirbel, Sturmböen; diese müssen sich erst ein wenig legen, bevor ich eine Antwort bekommen kann.

Peter: „Gib mir deine Hand, gib mir deine Hand! Zieh mich hoch! Ich will schlafen und kann nicht, ich will ausruhen und kann nicht. Seit ich hier bin ... ewig ... habe ich nicht mehr geschlafen. Das ist die größte Strafe. Ich finde keinen Platz zum Ruhen. Überall verfolgen sie mich, ich kann nie entweichen, sie lassen mich nicht zur Ruhe kommen."

Ich frage: "Wer ist die?" Peter: "Die anderen hier. Es gibt ja nichts anderes als das Hier und als die hier. Niemand kann weg. Wir sind immer ausgeliefert an die anderen. Sie tun mir ja sonst nichts, aber sie lassen mich nicht schlafen, das ist das Schlimmste. Wenn sie mich massakrieren würden, das wäre viel besser, eine Erleichterung, aber nicht schlafen können, das ist die Hölle."

"Warum bist du dort?" Peter: "Ich weiß es nicht, ich weiß es nicht. Ich will es nicht wissen. Ich war ja jung und unerfahren. Man kann mich doch nicht ewig verantwortlich machen für meine Unachtsamkeit, jugendlichen Leichtsinn oder was das damals war. Das können sie doch nicht mit mir machen, das ist doch nicht ..." (Er will sagen gerecht, aber er bringt das Wort nicht heraus, weil ein Teil in ihm erkannt hat, dass es in bestimmter Hinsicht doch gerecht ist.)

"Willst du weiter mit mir reden?" Peter: "Oh, ja, oh, ja, geh nicht weg, geh nie weg, bleib immer hier. Hier kann man sonst mit keinem Menschen vernünftig reden. Du bist kompetent. Ich brauche dich, sei nicht verstimmt, geh nicht weg, bitte." "Ich bleibe so lange, wie dieses Gespräch mit dir dauert, dann gehe ich wieder in eine andere Gegend. In der Zukunft, wenn du das möchtest, komme ich zu bestimmter Zeit wieder, um mit dir weiterzureden."

Peter: "Oh ja, mach das. Guck mal, es ist so aussichtslos hier, so ausweglos, immer dasselbe. Ich suche den ganzen Tag einen Schlafplatz, finde ich einen, falle ich nieder zum Schlafen. Dann treiben sie mich wieder hoch, und ich muss weiter, ohne Rast und Ruh. Es ist hier wie ein dunkles Verlies. Ich flüchte in die Ecken, aber sie finden mich immer und lassen mich nie schlafen. Ich hätte so gerne Schlaftabletten, aber die gibt es hier nicht. Was soll ich nur machen? Was soll ich nur machen?"

Ich bin auch ratlos. "Das weiß ich jetzt auch nicht auf Anhieb. Aber wir beide haben ja schon einen guten Kontakt gefunden. Wir können uns prima unterhalten, so können *wir weitermachen. Du kannst mir erzählen, ich höre dir zu und antworte dir, wenn ich kann. "*

Peter: *„Ja, das ist gut, das ist gut. Wir reden jetzt schon so lange, und sie sind nicht mehr gekommen, um mich weiterzuhetzen. Ich merke, wenn du in der Gegend bist, dann kommen sie nicht, dann lassen sie mich in Ruh. Aber sie lauern und warten, bis du weggehst. "*

„Bevor ich weggehe, kann ich dir vielleicht einen Gedanken oder einen Satz geben, damit sie dich in Ruhe lassen. Du selbst, tust du keinem hier was?" Peter: *„Nein, ich tue keinem hier was. "*

„Das ist gut. Wenn sie wiederkommen, dann sag zu ihnen: Geht zum Licht. Ruf ihnen zu: Geht zum Licht! Ich glaube, dann lassen sie dich in Ruhe, denn sie haben Angst vor dem Licht. " Peter: *„Ja, das ist wahr. Wir haben kein Licht hier. Wir machen in dieser Dunkelheit immer alles weiter und weiter. "*

Wieder bin ich ratlos. So eine Erfahrung, wie diese mit Peter, habe ich bisher noch nie gemacht. „Sei nicht böse, sei nicht traurig. Ich weiß im Moment nicht weiter. Aber ich verspreche dir, ich komme wieder, sehr bald, ich lass dich nicht mehr im Stich. Ich habe auch Helfer (damit meine ich die Engel), die werde ich für dich um Hilfe bitten (das tue ich immer, wenn ich mit meinem Latein am Ende bin). Du bist nicht allein. Wir werden uns alle um dich kümmern.

Ich habe gemerkt, du bist ein guter Kerl … Du bist gutwillig, darum wollen wir dir auch helfen. Ich komme wieder, bald, mein Junge. Du könntest mein Sohn sein. "

Peter: *„Ja, nun denke ich an meine Mutter. Sie hat so gelitten durch das, was ich getan habe; es war furchtbar. Sie hat immer zu mir gehalten, sie hat mich immer geliebt, meine Mama. Wegen ihr tut es mir leid, nicht wegen der anderen. Den anderen war ich doch egal, wenigstens dachte ich das. Ich habe das so gesehen. Sie waren ja auch immer so beschäftigt, hatten so viel zu tun. "*

„Wen meinst du?" Peter: *„Meinen Vater, aber das Wort passt nicht für den. Er sprach fast nie mit mir, nichts Wichtiges. Ich wusste nicht, wie ich erwachsen werden*

sollte, wie man das macht. Er sagte nichts, was mir Halt gegeben hätte. Meine Mutter hat mir wohl gesagt, was gut und böse ist. Sie hat es mich gelehrt, aber das war nicht genug. Ich hätte einen Vater gebraucht."

„Ja, das verstehe ich gut. Jeder braucht das. Wie ist es dann weitergegangen in deinem Leben?" Peter: „Ich habe alles Mögliche versucht und konnte nichts richtig durchhalten. Hier und da und hin und her – so war mein Leben. Nichts Konstantes, nichts Sicheres, keine Bindung, kein Halt, kein Anker.

Meine Mutter hat mich immer geliebt und ich sie auch. Aber zum Schluss habe ich mir auch von ihr nichts mehr sagen lassen. Sie hatte recht mit dem, was sie sagte. Aber ich habe mich so geschämt, dass ich selbst nichts auf die Beine brachte, dass ich ungehalten und schlecht zu ihr wurde. Ich war so enttäuscht von mir, so wütend, ich hasste mich zum Schluss und konnte meinen Hass nicht stoppen.

Dann wollte ich nicht noch mehr hassen. Um nicht noch mehr zu hassen, wollte ich mich lieber selbst von der Erde wegbringen. Ich dachte, das sei die einzige Erlösung für sie und mich. Dann wurde dieser Gedanke immer stärker … und ich konnte nicht mehr zurück … und dann bin ich so gerast … nun sitze ich hier und habe auch nichts davon. Ich hasse mich nicht mehr selbst, das tun die andern schon, die da hinten im Schatten des Schattens lauern. Im Grunde habe ich alles verloren und nichts gewonnen."

„Wenn du noch einmal von vorne anfangen könntest, was würdest du tun?" Peter: „Ich würde wie ein Dreijähriger auf den Schoß meiner Mutter krabbeln und …" Nun weint er herzzerreißend … ich lasse ihn … Ich lasse ihm eine Ewigkeit Zeit für seine Trauer, die so lange gespeichert war und keinen Ausfluss hatte, weil er nie in Ruhe gelassen wurde an diesem Ort. Ich sehe seine Tränen wie große funkelnde Tautropfen auf den Boden fallen.

Nun befindet er sich im Meer seiner eigenen Tränen und badet seine Füße darin. Die Schattenwesen verziehen sich, denn sie scheuen die Helligkeit, das Licht, das sich nun in ihm und um ihn herum ausbreitet. Er steht nun in dem Licht, er ist Licht, kristallklar, mit einem bläulichen Ton, wie ein sehr heller Aquamarin. Er verändert sich von Sekunde zu Sekunde, Freude, Glück, Verzeihung, Erlösung, Liebe strömen nun durch ihn und von ihm aus. Er beugt sich zu mir nieder, und wir beide weinen miteinander. Er streichelt meinen Kopf, ohne ihn zu berühren, und sagt: „Ich gehe nun woanders hin, ins Licht, ich bin gerettet. Ich verzeihe allen alles, denen, die mich gekannt haben, und besonders meinem Vater.

Ich selbst habe schon um Verzeihung gebeten. Das habe ich nun gelernt: Ohne Verzeihung geht gar nichts weiter, ohne Verzeihung steht alles ewig still. Aber das ist ja nun vorbei. Ich gehe ins Licht. Aber du, kleine Frau, was machst du denn nun? Weine nicht, kleine Frau. Oh, ja, ich verstehe gut, warum du weinst. Meine Geschichte hat dich erinnert an etwas, hat dich erinnert an jemanden, um den du dich sorgst – ich verstehe alles.

So, wie du für mich gebetet hast, so werde ich für dich und dein Anliegen bitten. Es wird gut werden, glaube mir. Es ist schwer für uns, wenn wir jung sind. Wir sind verwirrt und oftmals durcheinander und finden uns nicht zurecht. Ich habe es selbst so erlebt, und ich fühle nun auch deine Sorgen (mit).

Ich werde mich auch um meine Mutter, um meine damalige Familie kümmern. Sie braucht Trost und Hilfe." „Ja, tu das", sage ich, „dann können wir nun Abschied nehmen?"

Ein großes Glücksgefühl breitet sich zwischen uns aus. Ich stelle mich auf die Zehenspitzen und umarme ihn. Sein Licht fließt zu mir hin, fließt mir zu. Der Abschied fällt schwer, denn in diesem Augenblick weiß ich noch nicht, dass ich für immer mit Peter in Verbindung bleibe/bleiben. Peter steigt auf in Licht, Liebe und Herrlichkeit.

Das folgende Beispiel zeigt, wie leicht und unbemerkt eine Symptomübertragung bei Kontakten zwischen Seelen möglich ist. Beschwerden in dieser drastischen Form zu übernehmen, ist nicht wünschenswert.

Andererseits denke ich, dass es ohne Mitgefühl nicht geht. Mitleiden, Symptomübernahme passiert einem Medium häufiger in der Anfangsphase seiner Tätigkeit, aber auch, wenn Kontakte unerwartet und unvorbereitet stattfinden und emotionsgeladen sind sowie wenn Medium und „Klient" ein gemeinsames Thema (zu bearbeiten) haben.

Ich war einige Male beim Arzt wegen Herzstechen, Hüft-, Leber- und Nierenschmerzen. Der Arzt konnte bei mir nichts Organisches finden (natürlich nicht!). Inzwischen bin ich sehr zurückhaltend mit Arztbesuchen, möchte ich von ihm doch nicht als Simulantin angesehen werden. Beim Auftreten eines Symptoms denke ich sehr intensiv nach, ob vorher ein Kontakt mit einer erkrankten oder verunglückten Person stattgefunden hat.

Auf meiner Reiseroute hieß es sechs Mal innerhalb eines Jahres aus dem Zuglautsprecher: Wir haben Verspätung wegen Personenschadens auf dem Gleis. Fast jeder weiß, was diese Ansage bedeutet. Beim ersten Mal hatte ich einen Blackout für einige Sekunden. Am Abend desselben Tages bekam ich unerträgliche Zahn- und Kieferschmerzen. An den vier folgenden Tagen nahm ich etliche Schmerzmittel ein, bis ich am Montagmorgen zum Zahnarzt gehen konnte. Er röntgte den Kiefer und fand nichts, kein Loch, keine Entzündung – nichts. Als er mir die Aufnahmen erklärte, wurde mir bewusst: Dies waren nicht meine Schmerzen, ich hatte sie aufgelesen oder angenommen bei dem Zugunglück.

Obwohl ich bewusst mit dem Ereignis umgegangen war, obwohl ich die Engel um Hilfe gebeten hatte, auch noch welche zu den Angehörigen des Jungen „geschickt" hatte, um den größten Schock für die Familie abzumildern, war dies doch passiert.

Entweder hatte der junge Mann mir während meines Blackouts seine Schmerzen übertragen oder ich hatte sie ihm abgenommen oder wir hatten eine gemeinsame Vereinbarung darüber getroffen. Nachdem ich mir mehrere Tage lang klarmachte, dass ich nicht mitzuleiden brauche, verschwanden die Kieferschmerzen.

Beim zweiten Mal bei der Durchsage im Intercity fühlte ich „nichts". Erst zwei Tage später sah ich mit meinen inneren Augen eine graue Frau mit schlohweißen Haaren unbeweglich neben den Gleisen auf die Unfallstelle starren. Oh, dachte ich, sie ist im Schock. Darum hatte ich auch „nichts" gefühlt.

Als ich mich ihr näherte, reagierte sie nicht. Weil ich zu der Zeit einen knallgelben Anorak trug, sagte ich ihr, wenn sie den sähe, sei ich in der Nähe. Ich dachte, dieses Gelb in all der Gräue würde selbst sie in diesem Zustand irgendwann bemerken.

So postierte ich einen Teil meiner Persönlichkeit dort bei ihr, während die anderen Teile normal weiterlebten und alle für das tägliche Leben notwendigen Dinge taten.

Nach ungefähr einer Woche irdischer Zeit streckte ich meine Hand in Richtung der Frau neben den Bahngleisen aus, sie ergriff sie, und wir gingen Hand in Hand zum Friedhof, zum Grab, wo ihr Körper bereits beerdigt war. Dort standen wir eine Weile still, bis sie, immer schweigend, ihre Hand aus der meinen löste und nach „oben" entschwebte.

Als der Zug wieder einmal die Unfallstelle passierte, sah ich zwei riesige Engel in schwarzen Kleidern an der Unfallstelle stehen. Auch die Engel tragen Trauer, wenn …

Der Kinderhimmel

Jeder Mensch macht ein oder mehrere Male die Erfahrung, als Kind zu sterben und die Kindersphäre zu durchleben. Das Leben dort ist unglaublich schön und liebevoll. Es ist vergleichbar mit der dritten Plussphäre.

Die Kinder leben in Gruppen zusammen und werden „Tag und Nacht" liebevoll von Wesen aus den höheren Sphären betreut, die darin ihre Aufgabe finden. Es wird alles getan, damit die Kinder ihre Eltern nicht schmerzlich entbehren.

Die Umgebung ist paradiesisch. Es gibt Gärten, Wälder, Häuschen, viele Tiere und Spielzeug. Wenn die Kinder nicht spielen, werden sie unterrichtet und auf die Zukunft vorbereitet.

Sie bleiben hier, bis sie Jugendliche, junge Erwachsene (geworden) sind. Dann gehen sie in die Sphäre, die ihrem Bewusstseinsniveau entspricht, und machen dort ihre weiteren Entwicklungsschritte auf dem Weg der Evolution der Seele. Die Kinder fühlen sich unbeschwert, wenn es ihren ehemaligen Familien auf Erden gut geht; sie fühlen sich bedrückt, wenn diese so gar nicht über die (zeitweilige) Trennung hinwegkommen.

Kinder besuchen häufig nachts im Traum ihre Eltern und umgekehrt. Ganz kleine, bedürftige und karmisch besonders belastete Kinder werden von „Mütterengeln" lange und zärtlich im Arm gehalten. Dies zu sehen war mir geschenkt.

Als Person oder Medium bin ich in den Kindersphären niemals gefragt, etwas für die Kleinen zu tun, im Gegenteil, Engel bedeuteten mir sozusagen augenzwinkernd, dass ich mich nicht zu bemühen brauche, es sei für alles gesorgt. Das bedeutet, dass ich bei meinen Besuchen in den Sphären nicht die Kinder zu betreuen habe, dass es in diesen Fällen um die Betreuung der hinterbliebenen Familien geht. Sie sind es, die den Beistand brauchen.

Sie müssen die Erlaubnis erhalten, alle Gefühle, die der Tod ausgelöst hat, auszudrücken, sei es nun Trauer, Angst, Protest, Bitterkeit, Schuldgefühl, Mutlosigkeit, was auch immer im Gefolge eines Verlustes auftreten kann. Die Eltern sollen Verständnis, Mitgefühl und Trost erhalten.

Die Kleinen selbst werden von ihren himmlischen Helfern so ausgefüllt mit Liebe und Licht, dass es ihnen an nichts fehlt und sie die empfangene Liebe als Basis und als Reservoir benutzen für ihren nächsten Schritt in den Sphären oder wieder auf der Erde.

Mentale Gespräche mit Kindern im Jenseits

Mariella

Mariellas Mutter hatte mir nur den Namen ihrer kleinen Tochter und deren Sterbedatum mitgeteilt. Sie brachte ihre Freundin zu dieser Konsultation mit. Nach etwas Eingewöhnungszeit bei mir begann ich den Frauen mitzuteilen, was ich wahrgenommen hatte.

Die Mutter sagte, dass meine Aussagen doch recht vage seien und eine Nachbarin ihr dasselbe hätte sagen können. Auch sei Mariella kein ruhiges, sondern ein lebhaftes Kind gewesen. Erst wenn ich ihr den Namen von Mariellas Lieblingspuppe nennen könne, oder wenn ich wüsste, was sich in der gelben Box in ihrem Kinderzimmer befinde, würde sie glauben, dass ich tatsächlich mit ihrer Tochter Kontakt gehabt hätte.

Ich sagte der Mutter, dass ich nicht mehr und andere Informationen hätte als die genannten und dass ich auch nicht nach Beweisen suchen würde. Es käme in den Seelengesprächen das zur Sprache, was für die Person wichtig (gewesen) sei, was für sie eine Rolle spielen würde und was sie gerne mitteilen möchte.

Auch würden sich meine Wahrnehmungen hauptsächlich auf gefühlsmäßige und innerseelische Vorgänge und seltener auf reale Dinge beziehen. (Ich dachte bei mir, ich bin doch kein Wunschkonzert! Ich kann mich vielleicht vergleichen mit einem Fernsehgerät: Wenn der Knopf gedrückt wird, erscheint das Programm. Aber das Programm selbst mache nicht ich! Doch angesichts der versteinerten Trauer der Mutter sagte ich das natürlich nicht.)

Nach dieser Begegnung war ich verunsichert und frustriert. Ich wollte ganz aufhören mit solchen Gesprächen. In der Zeit träumte ich, ich soll in einem bestimmten Buch, Seite 52, oben nachsehen. Das tat ich. Dort stand: „Durchhalten und weitermachen".

Erst Wochen später fiel mir ein, dass Mariellas Mutter erwähnt hatte, ihre Tochter sei an der Folge einer Beinverletzung gestorben. Da auf einmal wurde mir klar, warum sie sich hüpfend gezeigt hatte. Sie wollte mitteilen: „Schaut her, mein Bein ist gesund, ich bin glücklich."

Ich sah, dass sechs Wochen vor Mariellas Tod ein höheres Wesen erschien. Es war an der Seite des Kindes, um das Kind herum und verließ es nicht mehr. Ich erkannte, dass ab diesem Zeitpunkt feststand, dass Mariella sterben würde. Sie bekam nun schon jemanden zur Seite, der ihr in den letzten Wochen und beim Übergang helfen würde.

Ich nahm Mariella als freundliches, weises, in sich ruhendes Kind wahr. Sie erschien mir in den Kindersphären und zeigte mir fröhlich ihre Blumenbeete und gab mir auch einen Strauß Vergissmeinnicht für ihre Eltern. Dann hüpfte sie voller Freude auf einem Bein.

Katrinchen

Katrinchens Eltern kamen zu mir, als ihre Tochter acht Wochen tot war. Die Mutter war in einem tieftraurigen Zustand, der Vater war gefasster und versuchte immer wieder, seine Frau zu trösten. Wir sprachen lange miteinander, sie zeigten mir viele Fotos aus den vergangenen Jahren mit Katrinchen. Ich bekam auch eines. Die Begegnung war sehr tief, sehr warm.

Die Mutter war besonders erleichtert, als sie hörte, dass sie richtig gehandelt hätten, das kleine Mädchen zum Schluss nicht noch einmal und noch einmal operieren zu lassen. Als ich Katrins Wunsch, die Eltern möchten sich nun als Partner kennenlernen, überbrachte, sahen sie einander einen Moment lang an. Dann kam sehr schnell der Wunsch der Frau zur Sprache, Katrin wiederhaben zu wollen in einer neuen Schwangerschaft.

Als Katrinchens Mutter drei Monate später wieder anrief und einen Termin mit mir vereinbarte, war sie schwanger. Eigentlich wollte sie nur wissen, ob dieses neue Kind eine Inkarnation von Katrin sei. Ich nahm daraufhin Kontakt auf mit dem Mädchen und schrieb alles auf. Zum Schluss meldete sich auch der Junge, das neue Kind. So vorbereitet, erwartete ich das Kommen der Eltern. Wenige Stunden vor dem Treffen sagte Katrinchens Mutter ab.

Katrinchen ist ein süßes Mädchen, sie spitzt das Mündchen, ist an allem interessiert. Sie sagt: „Der Engel ist gekommen und hat mich mitgenommen. Ich wollte nicht gerne mit wegen Mama und Papa. Aber es war auch gut, dass ich mitgegangen bin. Ich war ja lange genug bei meinen Eltern. Ich wollte ein Licht für sie sein. Ich bin zwei Jahre alt geworden, und ich war zwei Jahre lang krank. Meine Eltern haben immer mich als das Wichtigste angesehen. Nun sollen sie nicht mehr nach mir gucken, sondern sie sollen sich angucken. Endlich sollen sie Zeit haben, sich liebzuhaben, nicht nur mich. "

Drei Monate später

Katrinchen ist in Not, weil ihre Mutter in Not ist. Unruhig wirft sie den Kopf hin und her und sagt: „So habe ich mir das nicht vorgestellt. Ich wünsche so sehr, dass es meiner Mutter besser geht. Ich kann gar nicht mehr spielen. Alle hier wollen mich trösten, aber ich muss immer an meine Mama denken.

Meine Mutter soll sich erinnern an das Schöne, was wir miteinander hatten. Sie soll mich in Erinnerung behalten als unvergänglichen Schatz; aber sie soll nicht dreimal am Tag zum Friedhof gehen. Mir geht es gut hier. Es geht mir nur schlecht, wenn ich weiß, dass es meiner Mutter schlecht geht. Ich wollte auch, dass sie lernt, meinen Papa zu lieben. Ich wollte auch gern, dass sie Verkäuferin wird für Schmuck, weil sie doch keine Zeit hatte, als ich noch auf der Erde war. Nun ist alles anders gekommen. Meine Mutter will mich zurück oder sie will ein neues Kind. Sie denkt dann, dass ich ihr neues Kind bin. Das ist aber nicht gut für uns, und das ist auch nicht so. "

Ich frage Katrinchen, ob sie etwas sagen will zu dem neuen Kind, denn offenbar weiß sie, dass ihre Mutter schwanger ist. Katrin sagt: „Es ist ein Junge, ich kenne ihn von früher hier. Ich hatte ihn sehr gern und noch immer. Eigentlich ist er kein Brüderchen für mich, eigentlich ist er die andere Seite von mir. Eigentlich ist er die zweite Hälfte von mir.

Ich möchte so gern, dass meine Mutter das merkt. Mit ihm kann sie etwas Wichtiges und Wertvolles erleben. Mit mir hat sie etwas anderes erlebt. Beides ist nicht miteinander zu vergleichen. Er ist der wildere Teil, ich bin der sanftere Teil von mir. Ich möchte, dass meine Mutter sich öffnet für diese neuen Erfahrungen mit ihm. Dann kann sie reiche Ernte erhalten.

Sie darf nicht hängenbleiben an mir und in der Zeit, die wir miteinander hatten. Ich will, dass sie froh ist." Ich frage Katrin, ob sie auch etwas sagen möchte zu ihrem Vater. *„Oh, ja gern",* antwortet sie. *„Ich vermisse manchmal, dass er mich zu Bett bringt wie früher. Alles ist gut zwischen uns. Wir haben einen guten stillen Kontakt miteinander. Er wird das neue Kind genauso lieben wie mich. Er wird mit dem neuen Kind ganz andere Spiele machen als mit mir. Sie werden mit Autos spielen, sie werden Fußball, Ritter, Räuber und Gespenst spielen. Und das wird sehr gut sein für ihn."*

In diesem Augenblick meldet sich der Junge selbst und spricht zu seinen neuen Eltern: „Seid nicht bang vor mir und meiner Kraft. Wenn ich komme, wird es sein wie eine neue Energiewelle. Sie wird auch euch erfassen, und wenn das Schiff des Lebens dann schaukelt, schaukelt mit! Dann werden wir eine wunderbare Zeit haben. Ich bin bei euch, ich bin mit euch. Ihr braucht mich nur zu wollen, dann wird es prima.

Und meine kleine große Schwester schaut uns zu. Manchmal kommt sie im Schlaf hierher geflogen, manchmal fliegen wir zu ihr. So ist es, und so wird es sein, wenn ihr es wollt."

André

Er stößt auf, hat das Essen nicht vertragen. Nun sehe ich seinen Zustand von damals, von vor fünfunddreißig Jahren. Es war erbärmlich, das heißt zum Erbarmen. Ich frage André: „Was ist nur geschehen?" Er seufzt und stöhnt und antwortet in dem Zustand von damals: „Meine Zähne tun weh, meine Zehen tun weh, meiner ganzer Leib tut weh. Irgendwie hält das alles nicht mehr richtig zusammen, irgendwie fällt alles auseinander."

Ich versuche, nicht zu sehr betroffen zu sein, aber die Problematik kommt dicht, sehr dicht an mich heran. Worauf soll ich mich nun eigentlich beziehen, was ist denn eigentlich das Ziel …? Ich muss mich besinnen. Ziel ist natürlich, dass André Frieden und Wohlergehen findet, falls er das noch nicht hat. Gleich fällt er mir ins Wort: „Wie sollte ich denn, wie sollte ich denn, nach allem, was damals passiert ist?"

André müsste nun schon lange seine Kinderzeit und frühe Jugend in den himmlischen Kinderkrippen hinter sich haben und danach zurückgekehrt sein in die Sphäre, zu der er frequenzmäßig gehört. Offensichtlich ist er dort gefühlsmäßig zurückgefallen in seine Kleinkinderzeit, in seine Krankheitszeit auf Erden. Er hat das Liebeserlebnis der Aufzucht durch die Engel und Kinderhelfer durchlaufen und befindet sich nun in seiner eigenen und in der Problematik seiner damaligen Familie. Das kann ihm nicht abgenommen werden.

Ich bitte nun seinen und meinen Schutzengel um Zusammenarbeit. Ich merke, dass ich mich scheue, tiefer einzutreten in die Geheimnisse und Zustände dieser André-Seele … Und dann kommt eine verschlüsselte Antwort, die mir Einzelheiten mitzuerleben erspart … Ich erhalte folgende Mitteilung von „denen da oben":

„André trägt eine Bürde aus der Vergangenheit, ein Vermächtnis, eine Last. Deshalb haben wir ihm ein kurzes, ein kleines Leben gegeben, damit er nicht zu viel auf einmal erinnern soll. Damit er, wenn er älter und größer geworden wäre, nicht mit diesem schrecklichen Schuldgefühl herumlaufen müsste.

Wir haben ihm die Gelegenheit gegeben, durch liebevolle Behandlung in den Sphären eine heilende Erfahrung zu machen. Über diese mag er, soweit ihm das möglich ist, nachdenken. Diese Erfahrung möge er speichern in seinem Bewusstsein, soweit er das kann.

Dadurch wird er vorbereitet auf eine neue Inkarnation, die auch wieder kürzer oder länger sein kann, weil bei ihm etliche Phasen, viele Phasen notwendig sein werden, um das Ganze zu verarbeiten und aufzulösen. "

Erschüttert danke ich den Engeln und André.

Sarah

Im Sommer 1999 spielte sich auf einer von Hollands Autobahnen eine Tragödie ab. Eine Mutter steuerte völlig übermüdet und überspannt ihr Auto. Darin befanden sich ihre sechsjährige Tochter, ihr sechs Monate altes Baby, eine zweite Mutter und deren Kind. Verwandte hatten die junge Frau veranlasst, diese Fahrt zu ihrem Bruder zu unternehmen, der im Gefängnis saß.

Die Kinderhortnerin der beiden Mädchen fragte mich zwei Tage vor der Beerdigung um geistigen Beistand; die Mutter war mit allen Insassen in den Tod gefahren. Eine Woche zuvor hatte Sarahs Mutter einen kleinen Auffahrunfall. Sarah hatte der Hortnerin davon erzählt. Diese hatte gefragt: „Warst du da nicht bang?" Worauf die Kleine antwortete: „Nein, ich habe hingeschaut, und als der Unfall passierte, habe ich weggeschaut und dann habe ich wieder hingesehen, aber Angst hatte ich eigentlich nicht!"

Am Tag des Unfalls hatte die Hortnerin Sarah gefragt: „Willst du nicht lieber hierbleiben, bis deine Mutter zurück ist und dich wieder abholt?" „Nein", hatte Sarah geantwortet. Wie immer hatte sie ihr kleines Schwesterchen auf dem Arm, auf das sie ganz „verrückt" war. So waren alle ins Auto gestiegen und abgefahren.

In der anderen Welt trug Sarah ihr Schwesterchen auf den Armen; es schlief (noch). Sarah betrachtete es unverwandt in liebevoller, fast feierlicher Erwartung auf deren

Erwachen. Dann würde die Kleine in ihre Augen schauen, sie erkennen und sich gut fühlen. Sarah stand einfach da, beinahe bewegungslos.

Mit einem Teil ihres Wesens ließ sie mich wissen: „Ich bin nur auf die Erde gekommen, um meine kleine Schwester auf dieser Autofahrt begleitet zu haben und nun hier ihr Erwachen abzuwarten (unsere Mutter kann sich ja nicht kümmern)." Engel standen im Kreis um die Kleine herum, sie senkten ihre Flügel und verneigten sich vor ihr.

Axel

Axel starb als kleines Kind. Ich bitte um Erlaubnis „von oben", ihn aufsuchen zu dürfen. Ich stelle mich auf die Wellenlänge dieser Person ein, die vor vielen Jahren für eine Weile das Kind Axel war. Ich bitte auch, dass alles, was sichtbar werden wird, zum Guten sein möge für Axel und seine damalige Familie.

Axel lutscht am Daumen. „Mütterengel" halten ihn. Er braucht Mütterengel, könnte keine anderen vertragen, das heißt (aufgrund alter Erfahrungen) auf keinen Fall Väterengel. Er ist schläfrig und zufrieden. Er fängt noch einmal von vorne an.

Als Baby wird er den ganzen Heilungszyklus durchlaufen, bis er bereit und fähig ist, in die nächste Stufe einzutreten. Ich weiß nicht, ob die nächste Stufe höhere Lichtgebiete sind oder eine neue Inkarnation. Das geht mich auch nichts an, und das ist auch nicht wichtig, es spielt keine Rolle. Für mich gibt es hier nichts zu tun. Axel ist in den besten Händen.

Die Mütterengel bedeuten mir augenzwinkernd, dass sie sich auch weiterhin um diesen „Fall" kümmern werden, bis zum Erfolg.

Das schwerste Stück habe er schon hinter sich, die Erinnerung daran solle im Moment nicht aufgerührt werden, sei Vergangenheit. Nun hat er die Chance, exemplarisch Kindheit und Jugend zu durchleben. An Krisenpunkten, so, wie sie im letzten Leben aufgetaucht sind, werden dann die nötigen Korrekturen erfolgen. Das bedeutet, er wird die Probleme noch einmal erleben, nur wird er nicht an ihnen „scheitern". Deshalb werden sie nicht in Katastrophen münden.

An jedem Entscheidungspunkt wird ein Modell mit ihm erarbeitet werden, das Schlimme, Schlechte, Üble zu verhindern. Bei nächster Gelegenheit (wieder auf der Erde oder im Anderswo) wird er sich erinnern und die Prüfungen bestehen. Nicht, weil er vollkommen und perfekt wäre, wird er genesen, sondern weil er guten Willens ist, das genügt.

Nun hat er erst einmal eine selige Babyzeit auf Engelsarmen vor sich. Danke, ihr Lieben, für diesen Einblick. Leise entferne ich mich.

Mit jeder kranken oder leidenden Person müssten auch alle Angehörigen aus diesem und aus früheren Leben mitbehandelt werden. Um im Axel-Beispiel zu bleiben, wäre es gut, wenn nicht sogar nötig, dass auch Axels Vater diese liebevolle Behandlung durch die Engel erfährt.

Schließlich hat er (nur) das weitergegeben, was er selbst als Kind schmerzlich erfahren hat, nämlich Ignoranz, Kritik und Strafen. Und so geht es weiter in der Generationsfolge bis zu Adam und Eva.

Erbsünde nenne ich das Weitergeben des eigenen Unglücks. Und in der Generationsfolge voraus, bis …? Bis einer den Kreislauf durch Gewaltverzicht unterbricht. Bis einer nicht mehr mitmacht …

Eine kleine Anmerkung privater Art: Bis dahin gibt es noch sehr, sehr viel zu tun!

Jonas

Als ich Jonas wiedersehe, ist er schon viele Jahre in der anderen Welt. Jonas war mein kleiner Neffe. Er war ein sonniges, glückliches Kind. Er wurde fünf Jahre alt. Wenige Tage vor seinem Tod spielte er mit Backsteinen und Mörtel. Er baute etwas, einen Turm. Meine Schwester fragt ihn: „Was baust du denn da?" Er antwortete: „Mein Denkmal." Drei Tage später lief er vor einen Lastwagen.

Leichtigkeit, Licht. Jonas ist inzwischen ein fast erwachsener Mann mit einem verspielten Lächeln um den Mund. Er weiß sofort, um was es geht, und beginnt zu reden: „Es ist gut, dass alles so gekommen ist. Es wäre nicht gut gewesen, wenn ich länger gelebt hätte, wenn ich älter geworden wäre. Obwohl, wenn ich jetzt zurückblicke auf mein kurzes Leben, ergreift mich doch eine Traurigkeit, aber es ist nicht die Traurigkeit von jetzt.

Es geht mir gut. Ich habe freudvolle Kontakte zu anderen Wesen hier. Sie waren alle in einer ähnlichen Lage wie ich, alle sind als Kind verunglückt. Ich hatte noch ‚Glück' mit meinem Unglück. Es hat nicht viele und keine schwerwiegenden Folgen in meinem Körper und in meiner Seele hinterlassen.

Nein, ich war noch gut dran. Auch habe ich immer gewusst, dass meine Eltern mich sehr geliebt haben und immer lieben. Das hat es mir leicht gemacht hier. Ich wollte auch nicht mehr älter werden. Es war schon alles erfüllt. Es war der rechte Zeitpunkt, um zu gehen. Wir hier sind nie allein, wenn wir es nicht wollen. Alle benehmen sich gut, sozial und würdevoll.

Wenn wir unsere Vergangenheit erfüllt haben, bereiten wir uns auf den nächsten Schritt in eine andere Ebene vor. Ich grüße meine Eltern, sie sollen sich keine Vorwürfe machen. Ich grüße meine Geschwister, sie finden mich wieder in ihrer Arbeit. Dich kenne ich nicht, aber es kommen manchmal solche wie du zu uns, die reden mit uns. Sag meinen Verwandten: „Lebet wohl und streift die Reste der Trauer und (damaligen) Verzweiflung ab von euch! Ich entbinde euch von unserer (gemeinsamen) Vergangenheit, von dem Teil der Vergangenheit, den wir gemeinsam miteinander hatten.

Er ist jetzt erfüllt und sollte sich auflösen. Indem meine damaligen Eltern und Geschwister die mit Trauer beschwerten und geradezu durchtränkten Teile abstreifen, werden sie frei, um weiterzugehen. Sie müssen die Gefühlsteile, die sie bei dem Ereignis meines Todes an dem Ort und zu der Stunde, also damals dort gelassen haben, zu sich zurückholen.

Jeder von ihnen hat ein Stück oder ein Stückchen von seiner Seele dort gelassen – gelassen, doch nicht verloren! Das müssen sie sich zurückholen, wieder einsammeln, denn es gibt keinen Grund mehr zu trauern oder andere, ich kann nicht sagen, negative Gefühle zu haben, denn die gibt es nicht. Ich will es noch einmal ganz deutlich erklären:

Sie sollen die schweren Gefühle, die an meinen Tod geknüpft waren, mit Liebe und Freude durchtränken. Dadurch werden sie frei für die Gegenwart, und ich werde freier in meine nächste Stufe eingehen können.“

Ich sage: „Du bist wohl ein Lehrer geworden.“ Er lächelt und antwortet: „Ja, wir alle sind Lehrer. Meine Geschwister, und ich auch.“

Ich will mich mit meinem menschlichen Ego doch noch in Erinnerung bringen und sage: „Ich bin deine Tante!“ Gleichmütig antwortet er: „Das mag wohl sein.“ Wir verabschieden uns, und ich winke noch mit der Hand.

Ich muss zugeben, dass ich einige Wochen lang beleidigt war darüber, dass Jonas, mein eigener Neffe, mir als seiner Tante nicht mehr Bedeutung schenkte. Später relativierte sich mein Ärger, und ich verstand Jonas, hatten wir doch in seinem kurzen Leben hier auf diesem Planeten keine direkte persönliche Beziehung zueinander gehabt.

Sven

Gudruns Bruder Sven starb als dreijähriges Kind. Gudrun ist heute zweiundvierzig Jahre alt.

Ich spüre eine ruhige, gelassene Sanftheit. Ich sehe Wolken, dann Gewölbe aus weißem Licht. Mir wird etwas übel von den Medikamenten, die Sven zum Schluss noch bekam. (Hier an dieser Stelle merke ich, dass ich „zu“ tief eingegangen bin auf das Schicksal dieses kleinen Jungen, denn es kann, darf und soll nicht sein, dass ich Beschwerden übernehme.)

Also trete ich nun etwas zurück, bis ich die richtige Entfernung habe zu dieser Seele. Nah genug, damit ich echt Anteil nehme, entfernt genug, damit ich nichts übernehme, denn ich muss die Balance finden zwischen Nähe und Distanz.

Ich fühle nun ein unstillbares Verlangen des Kindes nach seiner Mutter. Ich sehe Eis-schollen, erlebe den Wechsel von gefrierendem und schmelzendem Eis. Dies ist ein Symbol dafür, wie der Junge seine Mutter erlebt. Nun fühlt sich dieser Konflikt sehr wahr an.

Er stammt nicht (nur) aus diesem Leben des Kindes, sondern ist die Fortsetzung einer alten karmischen Verbindung zwischen der „diesmal Mutter" und dem „diesmal Kind". Beider Zusammenkommen in diesem Leben war (schon) schwer mit Altlasten befrachtet und eine Fortsetzung des alten Spiels von Anziehung und Abstoßung.

Sven hört nun meinen Gedanken aufmerksam zu, begierig geradezu, schon hat er kernhaft begriffen. „Das gibt Sinn", sagt er, „das macht Sinn." Nun auf einmal ist er ein frierendes Skelett. Er trägt eine alte Last aus seiner Vergangenheit mit sich und in sich. Schon bevor er auf diese Erde kam, befand er sich zwischen Sterben und Leben.

„Was kann ich für dich tun?", frage ich Sven. Er will gern ein Fläschchen mit warmer Milch, und so bitten wir seinen Engel darum. Dieser säugt ihn, während er sagt: „Er (Sven) hat schon so viele dieser Handreichungen bekommen, aber keinen Nutzen, das heißt geistige Nahrung daraus gezogen." „Was können wir also tun, lieber Engel?", frage ich ihn daraufhin.

„Ruhen lassen", antwortet dieser, „die Angelegenheit ruhen lassen bis zur entscheiden-den Wende." Ich frage den Engel, ob wir etwas tun können für die Schwester von Sven, Gudrun.

Der Engel sagt: „Sie hat auf der tiefseelischen Ebene gewusst, worum es ging. Sie hat die Zusammenhänge begriffen und schon als kleines Mädchen gewusst, worum es ging zwischen ihrer Mutter und ihrem Bruder.

Darum ist sie nicht zugrunde gegangen an den Ereignissen damals in diesem Hause. Wir hatten ihr schon die Weisheit und Reife mitgegeben bzw. die hatte sie sich schon erworben, bevor sie auf die Erde kam.

Sie hatte alles mitgebracht, was nötig ist, um so etwas durchzustehen. Aus dieser Reife heraus konnte sie nun auch fragen nach dem kleinen Jungen, der damals ihr Bruder war.

Gudrun ist ein Mensch, der versucht, Gegensätze zu vereinen. In ihrer Kindheit und Jugend war das beinahe nicht möglich. Nun tut sie es in zunehmendem Maße, auch in ihrem Beruf. Es ist gut, wie sie tätig ist, sag ihr das. Es ist gut und in Ordnung. Aber sie sollte sich nicht übernehmen."

Beglückt und bereichert blieb ich nach der Begegnung zurück.

Mentale Gespräche mit Fehlgeburten und abgetriebenen Kindern

Es ist möglich, mit den Seelen von Fehlgeburten und abgetriebenen Kindern zu kommunizieren. Das tue ich oftmals auf den Wunsch von Müttern hin. Es kann erhellend und erleichternd wirken, wenn die Dinge zwischen Mutter und Beinahe-Kind erklärt, verstanden und harmonisiert werden. Die Erfahrung von Fehlgeburt und Abtreibung ist doch häufig traumatisch für Frau und Kind.

Es wäre gut, wenn sich auch die Väter aufmachen würden, die Begegnung mit ihren ungeborenen Kindern zu suchen. Zuerst geben wir dem Kind, falls das noch nicht geschehen ist, einen Namen; dann bitten wir es, sich mitzuteilen. Ein nicht zum Erdenleben gekommenes oder ein jung verstorbenes Kind wird seiner Mutter nach deren irdischem Tod in die Arme gelegt, wenn beide das wünschen.

Wenn einer oder beide das nicht möchten, so bedeutet das, dass sie mit etwas noch nicht im Reinen sind, dass sie mit etwas noch nicht fertig geworden sind.

Jede unvollendete Beziehung verlangt danach, weitergeführt zu werden bis zur Harmonisierung. In dem Fall ist es so, dass die beiden einander nicht nur wiedersehen dürfen, nein, dass sie einander wiedersehen müssen, entweder in den Sphären oder in einer späteren Inkarnation. Dies geschieht so lange, bis beide befriedet ihrer Wege gehen oder beieinander bleiben. Ebenso wird das mit den Vätern geschehen. Auch sie werden ihre nicht zum Leben gekommenen Kinder wiedersehen, ob sie das wollen oder nicht, ob sie von einer Empfängnis oder Schwangerschaft wissen oder nicht.

Ich habe einmal am Fernsehen eine Talkshow gesehen. Ein Hellseher wurde vorgestellt. Eine Person aus dem Publikum konnte sich für einen Test melden. Ein Mann in den mittleren Jahren kam als Versuchsperson auf die Bühne. Der Hellseher begann, Dinge aus seinem Leben zu erzählen, die von der Testperson mehr oder weniger bestätigt wurden. Dann sagte der Hellseher: „Sie haben drei Kinder!"

Der Freiwillige brach in Gelächter aus. Deutlich hörte man am Klang des Lachens, dass er sagen wollte: „Ha, ha, ha, vertan, vertan!" Fast triumphierend sagte er: „Ich habe **ein** Kind!"

Der Hellseher ging darauf nicht ein, er sagte nur: „Das glauben Sie!" Da gefror dem Mann das Lachen im Gesicht. Der Schock war ihm deutlich anzusehen. Offenbar ging ihm gerade auf, dass er Kinder haben könnte, von deren Existenz er nichts wusste. Bei wie viel Männern mag das der Fall sein?

Eine Verbindung von Ei- und Samenzelle ergibt ein ewiges Band zwischen den Seelen. Möglicherweise werden – falls für den Bewusstwerdungsprozess nötig – die Rollen wechseln; das heißt im Wechsel abgetriebenes Kind – abtreibende Mutter und abtreibender Vater – die Abtreibung ausführende Person – sein, zum Beispiel der Arzt. Dies wird notwendigerweise so oft und so lange der Fall sein, bis jeder Beteiligte in jeder Rolle genügend Erfahrungen gemacht hat. Wenn eine Person sich von dem Wiederholungszwang befreit, dann ist für sie der Rollentausch beendet.

Wenn die anderen sich nicht oder noch nicht befreien, werden sie sich andere Partner suchen, solche, die, ebenso wie sie, nicht aussteigen wollen oder können. Doch auch hier kann – wie auf allen Gebieten – spirituell geholfen werden, wenn wir den Personen, die sich im karmischen Kreislauf befinden, Licht und Liebe senden. Sie können an jeden gewünschten Ort und in jede Zeit gesandt werden, auch zurück in die Vergangenheit und voraus in die Zukunft.

Elisabeth-Lisa

Elisabeth-Lisa wird auf einer Sommerwiese gezeugt. Nach drei Monaten will ihre biologische Mutter sie abtreiben lassen, da ist Elisabeth-Lisa schon abgestorben.

Ein Wesen mit Libellenflügeln … dann ein schmerzhaftes Zusammenkrampfen. Verwirrung bei Mutter und Kind – hoffnungslose Verwirrung. Lisa beginnt, über ihre Mutter zu reden: „Ich kenne sie nicht mehr von damals. Ich war ja versteinert! Danach konnte ich schlafen. Ich erwachte auf einer Frühlingswiese am Bach. Ich war in Gemeinschaft mit anderen Wesen – fliegenden Schmetterlingswesen und mit aller Natur – es ist wunderbar – hier möchte, kann ich bleiben, solange ich das will – das weiß ich, und das ist mein selbstverständliches Geburtsrecht, Geburtstagsrecht – darüber wird gar nicht gesprochen, so selbstverständlich ist das hier. Gedacht wird hier sowieso nicht.

Wir sind hier in bleibendem Zustand bewusst – voll bewusst –, doch gerade darum nicht(s) denkend. Denken zerstört die Idylle – die gute Situation – das Gute in der Situation. „Erkenne mich – erkenne mich nicht", das ist hier die Devise, ich bin das Erdenleben, dessen Gesetze verlassen – frühlings- und sommerlang schwebend – ich finde alles hier vor, was ich brauche.

Es besteht Not an nichts – im Regen verberge ich mich unter großen Blättern, im Wind schaukle ich mich an den Halmen. In der Sonne liege oder fliege ich still in der Bläue – Sommerleben – mit dem Herbst lege ich mich ein wenig in die Erde – sie ist sanft, weich schützend.

Darum ist es auch so unbedingt wichtig, dass ihr die Natur bewahrt – zumindest Naturgebiete bewahrt und sicherstellt, ohne alles (damit meint sie ohne Düngung und Bewirtschaftung) – sonst vergiftet ihr uns – wir brauchen die unbewohnte Natur ohne Menschen und Tiere – ich meine ohne die größeren Tiere – sie sind nicht schlimm, aber auch sie sollten ihr geeignetes Terrain haben. Lasst mich – lasst uns so. Elisabeth-Lisa entschwebt.

Daniel

Wortgetreues „Interview" mit Daniel, abgestorben in der zwölften Schwangerschaftswoche vor vierzehn Jahren.

Daniel leckt sich das Mündchen, streckt ein bisschen die Zunge raus, sagt: „Okay, okay, ich bin (ja schon) weg, das habt ihr nun davon. (Er spricht seine Eltern an.) Ihr hättet euch ja sowieso nicht vertragen.

Ich hatte keine Lust, das zu sehen und mitzuerleben, ich bin sauer auf euch, ihr habt nicht zusammengepasst – der eine wollte dies, der andere das. Das war doch keine Ehe. Das war doch schon so ein Hin und Her, bevor ich kam. Ihr wusstet doch selbst nicht, was ihr wolltet, ward selbst zu kindisch und auf euch bezogen.

Nein, nein, das wollte ich mir ersparen. Ein Vater, der Hüh und Hott macht, und eine Mutter, der es immer schlechtgeht, die immer leidet. Am besten wäre es noch mit meiner kleinen Schwester gewesen und mit Oma und Opa, die wissen wenigstens, wo's langgeht. "

Dann spricht Daniel zu mir: „Gewollt mit Herz und Nieren, mit Leib und Seele haben sie mich nicht." (Ich fühle die Tränen, die Trauer hinter Daniels Worten.) Nun bricht er in Weinen aus: „Weine nur, mein Junge, weine nur", denke ich.

Er fährt fort: „Ich hatte auch Angst vor dem Leben. Sie (er meint seine Eltern) sind nicht schuld, dass ich so früh starb, ich wollte das selbst so. Ich hatte auch Angst vor einer Geburt im Krankenhaus, vor all der Technik.

Eigentlich bin ich ein Naturkind – ich bin durch einen Fehlstart in einer technischen Welt gelandet; ich begreife sie nicht. Mein Zuhause ist die Natur, mein Zuhause sind die Tiere. Ihre großen Augen, die sind rein. "

Ich frage Daniel: „Wo bist du jetzt?" Er antwortet: „Mein sexuelles Verlangen erwacht zurzeit, ich hätte gern eine Liebesfreundin. Ich darf noch nicht, ich muss noch etwas warten. Wir werden hier in meiner Gruppe in sozialem Liebesverhalten geschult – Liebesspiel ist mehr als ein Spiel; es ist eine körperliche Begegnung auf seelischer Lichtebene.

Das gefällt mir, das später erleben zu dürfen, dafür tue ich alles, darauf freue ich mich. Im richtigen Alter und Entwicklungsstand werden wir dann dem richtigen Mädchen zugeführt, um zu üben, was Liebe eigentlich ist und wie es sein soll, wenn wir im gleichen Alter wieder auf der Erde sind. Es soll nicht so ein unbewusstes Rammeln miteinander sein."

"Willst du noch etwas zu deiner Mutter sagen?" "Nicht unbedingt." "Zum Vater?" "Nein." "Zur Schwester?" "Ich habe einen netten, kameradschaftlichen Kontakt zu ihr." "Danke, Daniel, für diese Worte!"

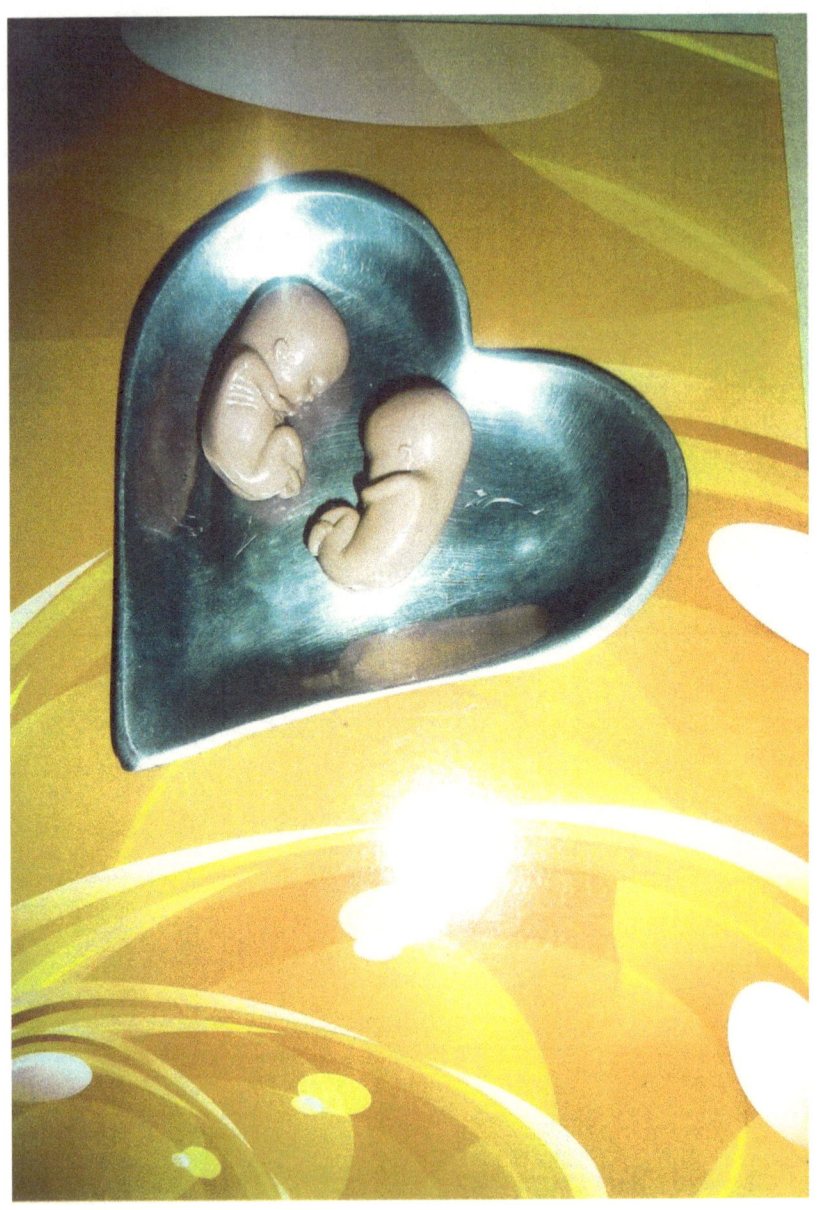

Marion

Edith verlor vor fünfzehn Jahren in der zweiten Schwangerschaftswoche ihre Tochter Marion. Sie erzählte, dass sie das Kind verlor, während sie schlief. Nun hatte sie eine Gebärmutteroperation, deshalb kamen bei ihr die Erinnerungen an Marion hoch, und es war nun definitiv, dass sie niemals mehr Kinder haben würde.

„... erzähl mal, Marion, was ist gewesen?" Marion antwortet: „Ich war traurig damals, und in der Erinnerung bin ich es nun wieder, aber nur als Erinnerung. Ich hatte keinen Platz, nicht in der Schwangerschaft und nicht in der Welt. Beides hängt absolut zusammen, das eine ist der Ausdruck des anderen.

Als ich dann wieder draußen war, hatte ich Platz, zu viel Platz! Eigentlich und in Wahrheit bin ich nämlich ein Licht- und Luftwesen. Ich war viel zu zerbrechlich für diese Welt, in die ich beinahe hineingeraten wäre, ich war viel zu wenig geeignet und vorbereitet darauf. Ich sollte mich besser da **raushalten.**

Meine Güte, wie bin ich geflohen, wie bin ich geflogen! Und noch immer. Bevor ich wieder den wahnwitzigen Versuch mache, mich dingfest zu machen, brauche ich ein Stabilitäts- und Robustheitstraining. Ich schaffe das einfach noch nicht. Darum darf ich auch in dieser anderen Welt hier verbleiben, hier habe ich angenehme, zu mir passende Zustände."

Ich frage: „Erinnerst du dich an Edith, die Mutter von damals?" „Oh ja, sie ist für mich etwas Besonderes gewesen und darum auch unvergesslich. Ich liebe Edith, und wir bleiben ewige Zeiten miteinander verbunden. Es ist eine Lichtverbindung. Wir füllen einander auf.

Ich merke, wenn sie das nötig hat, dann sende ich ihr das zu. Besonders jetzt möchte ich ihr helfen, da sie sich doch so leer fühlt. Ich begleite sie durch diese Zeit, sie soll auf mich bauen. Sie ist ein guter, ein prima Mensch, sie hat großartige Qualitäten. Ich liebe sie sehr."

Die Tiersphären

Über den Verbleib der Tierseelen nach dem Tode gibt es unterschiedliche Auffassungen. Einige meinen, dass alle Tiere der gleichen Rasse „dort" beieinander sind und gemeinsam die Gruppenseele bilden.

Andere sagen, dass alle Tiere, die das gleiche Entwicklungsniveau haben, also auf dem gleichen Bewusstseinsstand sind, die Seelenfamilie ausmachen. Dazu würden dann verschiedene Tiersorten gehören.

Es ist durchaus möglich, dass nicht die eine oder die andere Auffassung stimmt, sondern alle beide, dass die beiden beschriebenen tierischen Nach-Tod-Zustände einander ergänzen bzw. ablösen.[5]

Tiere evaluieren folgendermaßen: Schimmelpilz, Bakterien, kaltblütiges Tier (Insekt, Reptil, Fisch), warmblütiges Tier (Kaninchen, Huhn, Hund, Katze, Schwein, Pferd, Rind, Tiger, Elefant).

Tiere im Diesseits wie im Jenseits entwickeln sich von Stufe zu Stufe. In den Sphären lernen die Tiere einander begreifen. Die Katze lernt, warum der Hund bellt – der Hund lernt verstehen, warum die Katze Angst hat. Die Tiere lernen, miteinander verständnisvoller, lieber, sozialer zu werden. Die wilden Tiere sind in den Sphären nicht wild.

Wenn eine Tierseele sich und andere gut begriffen hat, dann kann sie eine Kategorie weiter, nämlich das in der Evolution nächst höhere Tier beseelen, bis, ja bis sie so in Gemeinschaft leben, wie wir auf Darstellungen des Paradieses wiederfinden, nämlich Wolf und Schaf als Brüderchen und Schwesterchen.

---

[5] Näheres zum Thema bei Bernhardin Mercy, „Die Katze sagt nicht nur Miau – der Hund sagt nicht nur Wauwau", Verlag tredition GmbH, Hamburg.

Wir alle wissen, dass alle Tiere und Tiersorten bemerkenswerte Fähigkeiten haben. Besonders rühren uns Berichte an, in denen ein Tier ein Unglück vorausfühlt und/oder einen Menschen rettet. Das Band zwischen Mensch und Tier ist dann unverbrüchlich.

Bleibt die Frage nach dem Wiedersehen zwischen Mensch und Tier in den Sphären: Menschen können in den Sphären ihre geliebten Tiere wiedersehen und die Tiere ihre Bezugspersonen, wenn deren Bewusstseinsniveaus in etwa übereinstimmen.

Es ist möglich, auch mit „verstorbenen Tieren" zu kommunizieren, wenn sie eine bestimmte Stufe erreicht haben und für Ansprache zugänglich sind, genau wie es hier auf dieser Erde möglich ist, mit abwesenden Tieren telepathisch in Kontakt zu treten.

Der Tod eines Tieres kann in einem Menschen ganz starke Reaktionen auslösen. Es kann den Trauerprozess erleichtern, wenn ein (letztes) mentales Gespräch möglich ist.

Kater Nicky war das erste Tier, das ich in den Sphären aufsuchte, kurze Zeit darauf das Pferd Marijke.

Nickys Besitzer – Besitzer ist ein unpassendes Wort, doch in Bezug auf Tiere gebräuchlich –, also Nickys Bezugsmenschen riefen verzweifelt und voller Selbstvorwürfe an. Drei Tage zuvor hatten sie ihren Kater einschläfern lassen. Auf mein Ersuchen hin erscheint Nicky sofort.

Mentale Gespräche mit Tieren im Jenseits

Nicky spielt mit zwei anderen Katzen. Er ist gleichgültig mir gegenüber. Er hat mich ja auch nicht gekannt. Zuerst war er betäubt, nun spielt er herum. Es fehlt ihm nichts. Er ist froh, wieder gesund zu sein, er ist übermütig. Als ich ihn frage: „Denkst du noch an Juliane und Matthias?", hält er inne, sieht mich aufmerksam an und sagt:

„Die Menschen glauben, wir hätten keine Erinnerungen. Das stimmt nicht. Wir leben im Moment, und wir leben das Leben, das gerade ist. Wir mixen die Leben nicht (wie die Menschen). Deshalb denken sie, wir könnten uns nicht erinnern. Wir vergessen nichts, wir speichern alles.

Es war eine wunderbare Zeit bei Juliane und Matthias. Nur ein einziges Mal haben sie mich zu lange alleine gelassen. Ich dachte, sie kämen nicht mehr. Ich dachte, niemand käme mehr.

Das kannte ich von ganz früher, das hat mich erinnert. Aber sie kamen, und es tat ihnen leid, und ich habe ihnen ganz schnell verziehen und habe mehr Vertrauen zu ihnen gehabt, weil sie bewiesen haben, dass sie immer wiederkommen. Es war eine großartige Zeit bei ihnen. Nur die letzte Zeit war mühsam wegen meiner Krankheit. (Da sehe ich Blut in seinen Eingeweiden.) Nun ist die Krankheit weg. Ich bin davon befreit und erlöst.

Danke, dass sie „es" gemacht haben, obwohl es ihnen so schwerfiel! Nun bin ich schmerzfrei, sie sollen nicht leiden, denn sie machten mich schmerzfrei. Dafür danke ich ihnen."

Als Marijkes ehemalige Besitzerin zu mir kommt, befindet sie sich in einer Existenzkrise, so sehr hat der Tod ihres Pferdes sie erschüttert. Sie zeigt mir ein Foto ihres Lieblings, und sofort beginnt das Pferd zu „reden". Dabei spricht es das junge Mädchen direkt an:

„Schau mal, wie ich ungeduldig und freudig herumtrappele, genauso wie früher, wenn du mich zum Reiten abgeholt hast. Wir beide waren Partner, manchmal war ich rebellisch. Aber weil du darauf nie böse reagiert hast, wurde es kein Machtkampf. Manch-

mal hatte ich keine Lust, die Übungen zu machen, aber weil du immer aufrichtig und fair zu mir warst, habe ich sie dann doch freiwillig gemacht. Wenn du anders gewesen wärst, dann hätten wir viel Streit miteinander bekommen und kämpfen müssen. So aber konnten wir eine gute Freundschaft miteinander haben.

Ich bin jetzt in einer Art Pferdehimmel angekommen. Wir haben alles, und wir genießen alles. Wenn du mit mir Kontakt willst, dann brauchst du nur das Foto anzusehen; erzähle mir alles, wie früher. Du wirst meine Anwesenheit fühlen und Antworten merken. Es war ein wunderbares Leben bei dir. Ich bin dankbar.

Meine Zeit war abgelaufen. Du musst kein Schuldgefühl haben. Alles, was du tun konntest für meine Gesundheit, hast du getan. Meine Krankheit kam nicht von außen, nicht durch Nachlässigkeit oder Schuld. Sie kam von innen, unaufhaltsam, weil meine Zeit um war. Ich war der Begleiter in deiner Jugend. Wir haben Freude, Leid und Geheimnisse miteinander geteilt. Ich konnte/durfte dich in diesem Moment verlassen, weil du nun stark genug bist, ohne mich weiterzugehen. Du wirst andere Wesen, Menschen und Tiere, finden, die dich lieben. Verschließe dich nicht davor. Gib ihnen die Chance.

Abends, wenn ich im dunklen Stall stand, bist du oft noch einmal zu mir gekommen, besonders wenn du Kummer hattest, du hast mich gedrückt und mir alles erzählt. Unsere Verbindung war eine Gabe, ein Geschenk. Mit mir hast du Freundschaft und Vertrauen gelernt.

Binde dich jetzt nicht alleine an mich. Du wirst, was wir miteinander hatten, auch mit anderen Tieren und auch mit Menschen (wieder)erleben. Du musst dafür nur offen sein.

Mit uns war es herrlich – das bleibt uns für immer. Und nun geh weiter: Zu und mit anderen Menschen und Tieren!"

Meditation über den Frieden

In einer Zeit großer Unruhe und kriegerischer Auseinandersetzungen sehnen sich mehr und mehr Menschen nach dem Frieden. Sie fragen: „Was kann ich persönlich dazutun, dass Friede in mir, in meinen Beziehungen, meiner Familie, Gruppe, meinem Volk ist und sich dieser auf die ganze Erde ausdehnt?"

Es soll hier nicht die Rede sein von Waffen, Armeen und Rüstungspolitik. Sie haben bisher keinen Krieg verhindert. Es soll hier die Rede sein von dem inneren Weg. Wir alle haben Aggressionen, Waffen, den Soldaten und den Befehlshaber, Kampf, Blut und Tod in unserem eigenen Inneren.

Wie überhaupt kann Krieg entstehen? Wenn Menschen nicht im Einklang mit sich, mit den anderen und mit der Natur sind, wenn sie nicht in Harmonie leben, entsteht Angst – Angst und innere Unruhe. Angst auch vor der eigenen Aggression.

Wenn diese Gefühle nicht als Teil der eigenen Persönlichkeit erkannt und angenommen werden, suchen die Menschen einen äußeren Feind. Das Problem wird nach außen verlagert – in die Familie, Verwandtschaft, Minderheit, ein anderes Volk, schließlich auf die Weltbühne. Der Feind ist geboren. „Er ist böse, er will mein Hab und Gut, er will mich vielleicht sogar töten."

Es ist der kriegerische Gedanke, und der wird zum Wort. Rüstungsproduktion wird angeordnet. Das Wort wiederum wird als Materie sichtbar; es entstehen Waffen, Raketen, Kriegsschiffe und Kriegsflugzeuge. So geht die Kette von der Angst – der Aggression – zum Gedanken – zum Wort – zur Materie.

Wenn dann die Gefühle von Angst, Aggression, Hochmut und Intoleranz noch geschürt werden, kann es zur Anwendung dieser Waffen kommen. Es kommt zu Tod und Vernichtung.

Die Waffen führen nur aus, was die Gefühle der Menschen sind. Selbst wenn sie zur Verteidigung dienen sollen, sind sie niemals mit der Schöpfung im Einklang, denn das zugrunde liegende Gefühl ist Angst, Wut und Rache. Waffen sind ihrer Natur nach auf Zerstörung und Tod programmiert.

Wie kommt es, dass wir Menschen in unserer Geschichte immer wieder den kriegerischen Weg wählen? Das muss einen tieferen Grund haben, der in jedem Menschen verankert ist. Wir wollen den Ursachen nachgehen bis zum Anfang der Zeiten.

Im Anfang der Zeiten waren wir alle in einem einzigen kosmischen Bewusstsein. Wir waren in Einheit und vollkommener Harmonie. Als hohe geistige Wesen, ausgestattet mit enormen Fähigkeiten, trennten wir uns Kraft unseres freien Willens aus dieser Einheit. Wir selbst wählten die Trennung, die Spaltung, die Dunkelheit, wurden unbewusst und fielen tief in die Materie. Von da aus begann unser Jahrmillionen Jahre dauernder Rückweg, zurück in die Einheit. Wir durchliefen die Welt der Materie. Unser Bewusstsein war in Stein und Mineral, gelangte in die Pflanze, ging in das Tier und beseelte den Menschen.

Von hier aus führt unser Weg weiter. Wir werden wieder hohe erleuchtete Wesen sein, gütig und strahlend. Und so entwickeln wir uns weiter und weiter zum Göttlichen. Ein Leben ist viel zu kurz, diesen gewaltigen Entwicklungsprozess zu fassen.

Zwei Drittel der Menschheit glaubt an Wiedergeburt. Auch die Christen glaubten lange Zeit daran. Sie gibt die einzig sinnvolle Erklärung für die scheinbaren Ungerechtigkeiten der Welt.

Wir brauchen viele, viele Leben. Und wir werden auf Erden wiedergeboren, bis wir bereit sind, einzugehen in ein überirdisches Leben voll Liebe, voll Wärme und Licht, bis wir bereit sind, einzugehen in den zeitlosen Frieden.

Mit der ersten Trennung von der Einheit schufen wir die Polaritäten. Seitdem gibt es:

Licht und Schatten

Gut und Böse

Herr und Sklave

Reich und Arm

Täter und Opfer

Und jedes Wesen lebt diese Extreme, die scheinbaren Gegensätze durch; in allen erdenklichen Variationen, bis es bewusst wird, bis es kein Schicksal mehr hat, sondern bewusst alle Entscheidungen trifft.

Im Bewusstsein eines jeden Menschen schlummert die Erinnerung an seine Geburt. Wir wollen sehen, welche Auswirkungen dieses Ereignis auf Krieg und Frieden in der Welt haben kann.

Wenn das Baby erwünscht ist, und wenn es den Eltern gut geht, sind die Bedingungen der Embryonalzeit fast ideal. Es erlebt Einheit, Geborgenheit ohne Polaritäten, ein Paradies. In den Wochen vor der Geburt wird es für das Baby oft eng. Es fühlt sich bedrängt und bedroht. Wenn die Wehen einsetzen, fühlt es: Ich werde vertrieben.

Wenn es in dieser Phase sehr leidet, kann es später die Welt als feindselig, bedrohlich erleben. Vergleichbar dem Zustand eines Landes, das sich durch fremde Mächte bedroht, eingeengt, angegriffen fühlt und nun rüstet. Vergleichbar mit dem Zustand eines Landes vor dem Krieg.

In der Austreibungsphase erlebt das Kind Druck, Schmerzen, Aggression, Panik, Kampf ums Überleben, kommt in Kontakt mit Blut und Gewalt, Todesgefahr – Lebensgefahr. Vergleichbar ist das mit dem Zustand eines Landes im Krieg. Dieselben Gefühle, nun von der ganzen Nation erlebt: Druck, Schmerz, Aggression, Panik, Kampf ums Überleben, Kontakt mit Blut und Gewalt, Todesgefahr – Lebensgefahr.

So ist eine sanfte Geburt eine Vorbereitung auf ein harmonisches Leben. Sie ist ein Mosaikstein auf dem Weg in eine friedvolle Zukunft. Eine liebevolle Erziehung kann eine schwere Geburt ‚wieder-gut-machen'.

Menschen, die dieses Versöhnliche in ihrer Kindheit nicht erleben durften, die eine freudlose oder gar grausame Kindheit hatten, können später die ganze Welt als Platz für Auseinandersetzungen, Torturen, Kampf, Krieg und Terror verstehen und sich immer wieder entsprechenden Situationen aussetzen – als Opfer oder als Täter.

Der Einzelne sowie ganze Gruppen, Stämme und Völker spielen diese Themen durch:

angreifen	**angegriffen werden**
verfolgen	**verfolgt werden**
Schmerzen zufügen	**Schmerzen erleiden**
töten	**getötet werden**

Sie leiden am Mangel der Liebe. Seitdem die Menschen in Polaritäten denken, schaffen sie sich immer wieder neu Krankheit und Not, Schmerzen und Leiden. Sie schaffen sich selbst Himmel und Hölle. Sie allein sind die Verursacher ihres eigenen Schicksals. Es liegt in ihrer Entscheidung und Verantwortung, welchen Weg sie wählen.

Zwischen den Polaritäten liegt die Harmonie, die Einheit. Das: Ich bin. Ich bin. Ich bin. Jeder ist auf dem Weg dahin. Entweder in diesem Leben oder in einem späteren. Der Weg geht über das Innere: über deinen Geist, deine Seele und deinen Körper.

Die Physiker sagen: „Alles besteht aus Wellen, Tönen, Farben, Licht – selbst die Materie." Auch Gedanken sind Wellen. Sie gehen von den Menschen aus, in Farben und Formen. Sie gehen um die Erde und haben enorme Kraft.

Gleichartige Gedanken und Strömungen ziehen einander an, negative bekämpfen sich und reiben sich letztendlich auf, positive unterstützen sich gegenseitig, verstärken sich, bilden ein Wir und werden letztlich die negativen mit Liebe durchdringen. Kriege schaffen immer neue unselige Ursachen und Folgen. Durch sie kann die Erde nicht erneuert werden.

Ein sterbender Soldat nimmt seinen Zorn und seinen Schmerz, seine Verzweiflung mit in den Tod und wird damit wiedergeboren und tötet wieder oder lässt sich töten. Die endlose Kette seit Tausenden von Jahren. Die Erde wird erneuert durch Bewusstwerdung. Sie erneuert sich durch das Bewusstsein des Menschen, der sich mit allen anderen, die guten Willens sind, zusammenschließt. Und dieses geschieht gerade jetzt, in unserem auserwählten Jahrhundert.

Werde dir der Kraft deiner Gedanken bewusst. Denkst und redest du immer von Krankheit, Elend, Not, Terror und Krieg, wirst du das erhalten. Denkst und sprichst du positive Dinge, aufbauende, harmonische, friedliche – wirst du diese erhalten.

Gib Frieden: Deinen Eltern und allen Verwandten, wie auch immer sie gewesen sein mögen. Deinen Kindern, besonders dann, wenn sie nicht deinen Erwartungen entsprechen. Deinen Lehrern, auch wenn du dich ärgerst über sie, dem Nachbarn, der dich nicht grüßt, und deinem Kollegen, der mehr Geld hat als du.

Gib Frieden dem Mann aus der Kneipe, der die Menschen so hasst, und dem, der dich auf der Autobahn überholt, dem Müllmann auf der Straße, der das Land sauber hält und dem Polizisten, der seine Pflicht tut. Gib Frieden deinem Chef und deinem Untergebenen und auch den Politikern – denen besonders. Und den Männern der Kirche. Ihnen allen gib Frieden und behandele sie gut.

Wo vorher Wut, Neid, Hass, Zorn, Eifersucht, Zynismus, Intoleranz, Habsucht, Gier, Hochmut und Urteil war, sende nun Verständigung aus. Sie geht von dir aus in Wellen und wird sie erreichen.

Vielleicht werden sie sagen: „Da stimmt was nicht, da will mich einer reinlegen, er ist auf einmal so nett. Soll lieber bleiben wie früher." Wenn sie so reagieren, werde nicht irre, biete ihnen weiterhin deine Botschaft von der Verständigung an. So verlieren sie ihre Angst, können neues Verhalten probieren, auch etwas Vertrauen wagen und ein „kleines bisschen Frieden". Gib Frieden auch den Verstorbenen, und lasse sie ruhen.

Und auch der Natur, dem Wald, und lasse ihm seine Schönheit, dem Meer, und lasse es sauber sein – den Pflanzen und Tieren, und achte sie als lebendige Wesen in der Entwicklung. Achte auf deine aggressiven Gefühle und achte sie. Von frühester Kindheit werden diese Gefühle bekämpft und bekriegt, sie sollen ausgemerzt und ausgerottet werden. Seit Jahrtausenden vergebliche Mühe.

Je mehr wir versuchen, sie zu verdrängen, zu vergessen, umso mehr wuchern sie im Verborgenen. Und Schuldgefühle dazu. Schließlich bringt einer einen anderen um oder ein ganzes Volk oder sich selbst, das ist dasselbe, und alle sagen: „Wie konnte das nur passieren?!" Das hätten wir niemals gedacht. Ein Mensch, der sich ganz annimmt, der sich wirklich kennt und liebt, begeht keine Gewalttat, denn er akzeptiert auch seinen Schatten.

Wir alle haben ein Kind in uns. Ein Kind, das sich nach Wärme, Zuneigung und Geborgenheit sehnt. Entdecke dieses Kind in dir, fühle, was es braucht und was ihm gut tut. Werde dir selbst ein liebevoller Vater und eine freundliche Mutter. Lass dein Schuldgefühl los. Es ist das einzige nutzlose Gefühl auf der Welt, denn es hilft niemandem.

Es gibt keine Schuld. Es gibt Ursachen und ihre Folgen. Hast du eine negative Ursache gesetzt, mache die Sache wieder gut. Und verzeihe dir selbst. Was immer du dir angetan hast, deinem Körper, deiner Seele oder deinem Geist, verzeihe es dir. Sei barmherzig. Und sei von nun an gut zu dir. Schau auf das Jetzt, und genieße den Tag als ein Geschenk.

Und wenn ein anderer Mensch dir Unrecht getan hat, verzeihe es ihm, einfach so. Segne ihn, drehe dich rum, und schaue dann nicht mehr zurück.

Ermutige dich, lobe dich auch. Mache dir Freude und Freunde und kläre unglückliche Beziehungen zum Besten für alle. Setze positive Ursachen, und du kannst erleben, dass die Welt weit wird und offen, sicherer und freundlicher.

Und wenn dein Inneres friedlich ist, wendest du dich der Not der anderen Menschen zu. Du magst sie nicht länger mehr leiden sehen. Und alle Menschen auf unserem schönen Stern werden teilhaben am Reichtum, den die Erde und die Sonne uns täglich anbieten.

Es erfordert vielleicht ein ganzes Leben, die negativen Prägungen, Meinungen und Muster umzuwandeln – vielleicht erfordert es viele Leben. Die Schöpfung kennt keine Zeit.

Und sei dir bewusst, du hast eine wichtige Aufgabe in jedem Leben. Denke daran: Der Weg ist auch schon das Ziel.

Mache Frieden! Auch mit deinem Körper. Nimm ihn so, wie er ist, krumm oder gerade, lang oder kurz, weiß oder schwarz. Gib ihm, was er braucht, Bewegung und Ruhe, Nahrung und Luft.

Mach Frieden mit all deinen Leben, mit all deinen Körpern, mit all deinen Zellen, denn jede Zelle hat das Bewusstsein des ganzen Kosmos, und der Kosmos hat das Bewusstsein jeder einzelnen Zelle.

Zeitfracht Medien GmbH
Ferdinand-Jühlke-Straße 7
99095 Erfurt, Deutschland
produktsicherheit@kolibri360.de